Ramón D. Tarruella

La mecha encendida

La mecha encendida
es editado por
EDICIONES LEA S.A.
Av. Dorrego 330 C1414CJQ
Ciudad de Buenos Aires, Argentina.
E-mail: info@edicioneslea.com
Web: www.edicioneslea.com

ISBN 978-987-718-270-5

Primera edición. Impreso en Argentina.
El Ateneo Grupo Impresor S.A. Agosto de 2015.

Tarruella, Ramón D.
    La mecha encendida : los atentados anarquistas en Argentina . - 1a ed. -
Ciudad Autónoma de Buenos Aires : Ediciones Lea, 2015.
    160 p. ; 23x15 cm. - (Filo y contrafilo; 41)

    ISBN 978-987-718-270-5

    1. Historia Argentina. 2. Anarquismo. I. Título
CDD 320.982

Ramón D. Tarruella

La mecha encendida
Los atentados anarquistas
en Argentina

EDICIONES
Lea

A Emmanuel, un auténtico perseguidor

A Martín Malharro,
que se nos fue disimuladamente

Bartolomeo (Vanzetti): Una cosa es soñar y otra es estar dormido. A nosotros, soñando, no nos hace falta despertar para ver este mundo suyo. Ustedes en cambio si no despiertan a tiempo, no lo verán nunca. No insista con la clemencia. Déjenos a nosotros con el sueño. Y que sigan los otros durmiendo sobre sus leyes.

Mauricio Kartún, en *Sacco y Vanzetti*

Prólogo

La liturgia del poder

Argentina se convirtió en un país innovador en la creación de sindicatos y las protestas obreras. En 1857 se fundó la Sociedad Tipográfica Bonaerense, la primera organización obrera del país, con sede en Buenos Aires. Un año después, varios grupos de inmigrantes crearon la Sociedad Española de Socorros Mutuos y Unione e Benevolenza, dos entidades de gran importancia para la formación de sindicatos y a la vez para aglutinar actividades culturales. La primera huelga llegó de la mano del sindicato de tipógrafos, en 1879, una protesta que sorprendió y que tuvo una respuesta satisfactoria. Por un lado aumentaron los salarios, la jornada laboral se redujo a doce horas y se excluyó del trabajo a los menores de doce años. Al poco tiempo quedó sin efecto esa legislación. Por suerte, el día tenía 24 horas como en la actualidad. Así como la protesta irrumpió en la vida política argentina, las próximas huelgas no tendrían esas respuestas positivas. Todo lo contrario. Desde 1880, el Estado reparó en esa particular forma de expresión y no demoraría en la reacción, mientras comenzaban a multiplicarse los sindicatos y las protestas.

El 1° de mayo de 1890, el primer festejo del día del trabajador en Argentina, transcurrió sin incidentes, una excepción teniendo en cuenta los tratos que el movimiento obrero recibió de parte del Estado años después, en diferentes décadas y gobiernos. Las primeras golpizas fueron para las organizaciones anarquistas, cuando comenzaron a hacerse públicas y a reproducirse. Es posible que los funcionarios más altos de los gobiernos conservadores hayan advertido ciertas características del movimiento anarquista en Europa. Funcionarios que viajaban con frecuencia al viejo continente, incluso muchos de ellos habían vivido allí, como el caso de Victorino de la Plaza, abogado de empresas inglesas antes de ser presidente. Ellos fueron quienes alertaron del problema ácrata, apenas se hizo presente en el país.

El proyecto oligárquico se mostró compacto, con apellidos que intercambiaron funciones en una y otra gestión. Así Pellegrini fue ministro de Roca y luego presidente de la Nación. O Manuel Quintana, titular de la cartera del Interior e interventor en varias provincias durante la gestión de Luis Sáenz Peña, y años después presidente. El movimiento obrero provocó los primeros titubeos a un proyecto que había encontrado los rieles por donde progresar: fraude electoral y anglofilia. En ese escenario el anarquismo quedó en el blanco del Estado oligárquico.

Como sucedió en otros momentos convulsionados, se asentaron ciertos términos que bautizaron la confrontación. Así como durante el peronismo se acuñaron términos que pasaron a la historia –gorilas, cipayos, yegua– el último gobierno militar acudió a definiciones como subversivos, extremistas, de usos en años anteriores en algunos casos, pero que movilizaron un lenguaje y sellaron una época. En el período del auge anarquista también se acuñó un vocabulario propio para definir su accionar, con la imprescindible colaboración de la prensa masiva. Los diarios *La Prensa* o *La Nación* repetían unos términos que identificaron a los protagonistas de esas noticias. Ideas avanzadas, ácratas, fueron algunas de esas definiciones.

El movimiento anarquista respondió al lenguaje del poder, creando los medios para ubicar a la palabra en el campo de batalla. Hacia 1920, había una veintena de periódicos anarquistas, sumado al diario *La Protesta*. La primera edición de *La Protesta* fue el 13 de junio de 1897, de la mano de Gregorio Inglan Lafarga. Se trataba de un español y ebanista, sin una formación intelectual pero capaz de llevar adelante la iniciativa. Al principio, la publicación salió cada quince días y desde el 1º de abril de 1904 se convirtió en diario. El nuevo director fue Alberto Ghiraldo, escritor y abogado. En esos años llegaron a editarse cien mil ejemplares, soportando clausuras, destrozos de las imprentas y detenciones varias.

Quien acompañó a Inglan Lafarga en la fundación del periódico, fue otro español, Francisco Berri, activo militante del gremio de panaderos. Justamente los panaderos crearon unos términos con gran sentido del humor y que aún se conservan. El humor, un ingrediente político ausente en la izquierda contemporánea. A cada institución le correspondió un nombre de factura dulce. El suspiro de monja y bolas de fraile, sugestiva forma de referirse al sexo ausente de la Iglesia. Los cañoncitos y la bomba de crema, ironía sobre el poder bélico del ejército. Los vigilantes, fritos y ricos en dulce, metáfora de la cachiporra de la policía.

Los modos de represión advertían la influencia de la palabra, una pulseada donde se usó la pólvora y los decretos, en esos años de crecimiento de la prensa y de una industria literaria en ciernes. Cuando el Estado salía a la caza de anarquistas, uno de los blancos eran los periódicos anarquistas. Los talleres de *La Protesta* fueron incendiados y clausurados infinidad de veces. Una de las primeras censuras fue en febrero de 1905, habilitada por el estado de sitio. La palabra escrita era un elemento a combatir en la cruzada contra el anarquismo.

Les siguen pegando abajo

El auge anarquista coincidió con el auge del modelo agroexportador. Tuvo sus mayores influencias desde fines del siglo XIX y comenzó su decadencia hacia la década del veinte, perdiéndose en el recuerdo en los años treinta. La figura de Severino Di Giovanni, que irrumpió a mediados de la década del veinte, pareció llegar con el ímpetu de la agonía de la causa. La violencia en cada uno de sus actos dejó un legado épico, aventurero, pero que representó a un sector del anarquismo. En otro sector, su figura era una mancha que enlutaba al movimiento. La aparición de Di Giovanni resultó el último cimbronazo del anarquismo en Argentina. En febrero de 1931 fue ajusticiado por el gobierno militar de José Félix Uriburu, otro crimen desde la impunidad del poder.

El anarquismo no pudo resistir la represión incesante de los diferentes gobiernos. El Estado recurrió a los fusiles y a la palabra. Primero, la legislación intentó legalizar una política discriminatoria con la Ley de Residencia en 1902. Luego de una huelga de obreros ferroviarios y portuarios, el segundo gobierno de Roca acudió al respaldo legislativo para expulsar sin vueltas a militantes "peligrosos". A la ley la acompañaron las detenciones, las clausuras de los periódicos ácratas y las provocaciones en cada uno de sus actos.

La magnitud de ambas fuerzas quedó demostrada días antes de los festejos del Centenario de la Revolución de Mayo. La central obrera anarquista, luego de una estruendosa manifestación en Buenos Aires el 8 de mayo de 1910, declaró una huelga por diez días, pidiendo entre otras demandas la derogación de la Ley de Residencia. La medida empañaría los festejos oficiales. Entonces, el Estado desplegó la ley y las armas. Declaró el estado de sitio primero y luego recorrió las calles porteñas buscando líderes, clausurando centros y periódicos anarquistas. Los festejos del Centenario se realizaron con cárceles saturadas por militantes libertarios y así la Infanta Isabel de Borbón pudo contemplar los logros del modelo oligárquico, como el resto de los visitantes ilustres. Esa pulseada la ganó el Estado.

En la década del treinta, el anarquismo fue víctima del bautismo de fuego de la picana, creación del comisario Leopoldo "Polo" Lugones, hijo del escritor que en sus años de juventud había simpatizado con los colores rojos y negros. En la famosa Sección Especial, los militantes señalados como peligrosos fueron sus primeras víctimas.

Las respuestas del anarquismo surgieron desde las organizaciones obreras. Y también desde la acción individual, como por ejemplo, los atentados. Ante un atentado de gran impacto mediático, el Estado salía al ruedo con un arsenal de recursos para neutralizar al movimiento. Los años fueron desgastando el ímpetu ácrata y el entusiasmo juvenil se trocaba en cautela, del ataque certero se pasaba a la búsqueda de refugios.

La aparición de una alternativa sólida y posible como la Revolución Rusa desnudó aún más la condición utópica del anarquismo. La fortaleza del estado soviético exponía una salida concreta a la idea sin líderes y comunitaria. Y totalmente opuesta. Los gobiernos conservadores, luego de la Primera Guerra Mundial, renovaron las estrategias represivas para evitar nuevas revoluciones comunistas. Nuevos golpes a un movimiento sin la fuerza de años anteriores.

Se puede seguir debatiendo la etapa de auge del anarquismo, lo que resulta innegable es su legado. La historia del movimiento obrero debe mucho a ciertos aspectos de la identidad ácrata. La solidaridad entre los trabajadores, la idea de asociación, la importancia de la cultura. La fuerza actual de los sindicatos, resultado directo del peronismo, se debe a esos inicios de solidaridad, de honestidad y de trabajo a la par. El anarquismo hizo un gran aporte a los inicios del movimiento sindical, más allá de que la ambición del poder no era su objetivo.

Hágala usted mismo

Semanas antes del 14 de noviembre de 1909, el jefe de policía Ramón L. Falcón seguía los pasos de Pablo Karaschini, que según los informes policiales lideraba un grupo violento de anarquistas. Nadie tenía el dato de un ucraniano de 18 años, que sería finalmente el autor de uno de los atentados más impactantes de la historia argentina. Simón Radowitzky actuó por su cuenta, diseñando la bomba y los detalles, en su pensión y en soledad. El final de Ramón L. Falcón resultó una síntesis de las características de los atentados ácratas. Fueron perpetrados a las sombras, en soledad, sin compartir la noticia ni siquiera entre sus amigos más íntimos. Las bombas resultaron artesanales, de efectos precarios a veces, y las armas truchas o de calibres cortos. La violencia ácrata se caracterizó por un accionar individual, resultado de impulsos vindicadores, lejos de planes coordinados por asociaciones mayoritarias. La excepción fue la banda que acompañó los atracos de Severino Di Giovanni. Una banda menor y una infraestructura mínima, en un momento de claro retroceso de la influencia anarquista en Argentina.

El caso de Di Giovanni brindó a la causa un personaje épico, con todos los condimentos de la épica. Un italiano que actuaba casi en soledad, responsable de los hechos delictivos más importantes de la década del veinte, un fusilamiento en público y el romance con una mujer menor de edad. Existió una película sobre Di Giovanni, *Con el dedo en el gatillo,* de 1940. Una pena que una película con guión de Homero Manzi y Ulises Petit de Murat haya quedado a mitad de camino entre el thriller policial y el cine político. Sin dudas, Leonardo Favio debió haber sido el director de su biografía, un proyecto trunco por otras políticas represivas del Estado, a mediados de los setenta, en el prólogo a la dictadura más sangrienta de la historia argentina.

Las décadas posteriores ubicaron al anarquismo en una suerte de pensamiento romántico, que tomaron aquellas juventudes que buscaban eludir fórmulas y políticas consagradas. El punk de los setenta retomó los signos ácratas para escupir al mundo su propia rebeldía. La A, en diagonal y rodeada por un círculo, terminó siendo un souvenir de los grupos de esos años. Una música también violenta, lejos de la poética que caracterizó al movimiento en sus inicios, a esa formación íntegra que propagaban sus militantes. Los nuevos difusores del anarquismo eran apólogos de las drogas y la vida corta. Lejos, muy lejos de la vida sana y la mente limpia de los inicios del movimiento.

Si bien el libro retrata apenas a un sector del anarquismo en los primeros años del siglo veinte, tiene la intención de analizar y describir a algunas de sus personalidades, genuinas y crédulas, con toda la energía destinada a la causa. Fue el primer movimiento que reaccionó de una manera virulenta y sistemática al Estado, sin la recompensa de llegar al poder luego de sus gestos rebeldes, tal cual pasó con el radicalismo y luego con el peronismo. El anarquismo quedó como un grito rebelde, a las sombras, y que de tanto en tanto alguien evoca como un gesto épico del que nunca claudicó. Las ventajas de no haber formado parte del poder.

Tal vez el libro se pueda atravesar como un anecdotario de historias de vida, enmarcadas en un momento preciso, movidas por los mismos ideales. Un rescate de la honestidad y el accionar político, dos conceptos que resultan una contradicción en nuestra contemporaneidad. Queda por resolver si alojar esa contradicción acaso no es lo que permite conducir un Estado. Algo que este libro no pretende resolver.

Capítulo I

El tipógrafo
que erró el disparo

La cuarta podía ser la vencida

"No quise matar a Manuel Quintana, sino al Presidente de la República", fue lo primero que declaró Salvador Planas y Virella a las autoridades de la Seccional de Investigación de la Capital. Horas antes había sido detenido por dos agentes en la plaza San Martín, a metros de Retiro, el viernes 11 de agosto. Horas antes había intentado asesinar al Presidente de la República, Manuel Quintana.

Ese viernes, 11 de agosto de 1905, fue el día elegido para el atentado, luego de un trabajo tan minucioso como solitario de Salvador Planes y Virella, estudiando los movimientos que el presidente repetía en el traslado de su domicilio a la Casa Rosada. Durante semanas merodeó la plaza San Martín, registrando el andar diario del vehículo de Manuel Quintana, acompañado siempre por su chófer, Adolfo Piñol, el "lacayo" Juan Forestier y el edecán, José Donato Alvarez.

Salvador Planes y Virella tenía tres características definidas: era vegetariano, gran lector de teoría anarquista y tipógrafo. Había nacido en Sitges, ciudad de Barcelona, y desde joven la familia le había enseñado el oficio de tipógrafo. En su pueblo había elegido el anarquismo como ideología, transmitida por uno de sus siete hermanos. Y se había hecho vegetariano en Argentina, decidido a cambiar la rutina en las comidas luego de repetidos problemas de salud.

Ninguna de las tres cualidades le había otorgado destreza en el uso de las armas. Si bien había practicado los movimientos del arma, en la pensión y solo, siempre solo, en la tarde del viernes 11 de agosto algo falló y por eso, justamente, no pudo matar al presidente. El revólver que cargó esa mañana, al salir de la pensión, era un Smith & Wesson 9 milímetros. De los cinco proyectiles que cargaba el arma, cuatro eran imitación de la Smith & Wesson, detalle que el joven Salvador desconocía. Eso obturó el disparo contra el presidente y trabó el arma. Gatilló tres veces, de manera consecutiva, y en ninguna de las tres pudo salir la bala.

El azar estuvo a favor de Manuel Quintana ese mediodía de agosto. Al lado de la bala que falló el primer disparo de Salvador Planas y Virella, estaba ubicado el único proyectil auténtico. Tan sólo por un lugar en el tambor del arma, el presidente de la República había salvado su vida.

Sables y machetes

El primer intento de Manuel Quintana por llegar a la presidencia fue en 1873, cuando quiso suceder a Domingo Sarmiento, luego de ocupar cargos como diputado y senador. Perdió las elecciones con Nicolás Avellaneda y cuatro años después fue rector de la Universidad de Buenos Aires, donde había egresado como abogado, hasta 1881. En 1893, el presidente Luis Sáenz Peña lo nombró Ministro del Interior. Era su primer cargo en el poder ejecutivo y debió irse al poco tiempo, luego de una dura interpelación del Congreso Nacional por haber declarado el estado de sitio en todo el país. Un vicio de los gobiernos conservadores.

En los ratos libres que le dejaban la función pública, Manuel Quintana defendió los intereses del Banco de Londres, de exportadores nacionales y de otras firmas británicas. Antes de regresar al ejecutivo, también asesoró a las empresas británicas vinculadas a los ferrocarriles.

Y Manuel Quintana regresaría al Ejecutivo de la mano de Julio A. Roca, en una de las tantas movidas de ajedrez del ex presidente argentino. Para derrotar la candidatura de Carlos Pellegrini, propuso una alianza con el partido de Mitre, su opositor. La persona elegida fue Manuel Quintana y el 12 de octubre de 1904 asumió la presidencia. La estrategia de Roca había dado sus frutos.

A los cuatro meses de asumir la presidencia, Manuel Quintana debió sofocar una nueva revolución radical, el 4 de febrero de 1905, encabezada por Hipólito Yrigoyen. La rebelión se extendió desde Capital Federal a Córdoba, Mendoza, Santa Fe y Bahía Blanca. Se trató de una rebelión numerosa, nucleando a civiles y militares, lo que llevó al gobierno de Quintana a adoptar fuertes medidas represivas. Entre ellas, la declaración del estadio de sitio.

La represión no solo recayó sobre los líderes radicales sino también contra el movimiento obrero, deteniendo a dirigentes gremiales y clausurando buena parte de la prensa de izquierda. Los abusos del gobierno nacional se vieron habilitados por el estado de sitio. El 21 de mayo de 1905, las dos centrales obreras, la FORA (Federación Obrera Regional Argentina) y la UGT (Unión Gremial de Trabajadores), organizaron una marcha en respuesta a esos abusos. Minutos después de las tres de la tarde, los obreros partieron desde plaza Constitución para llegar a plaza Lavalle, marchando por Lima. En la esquina de Talcahuano y Lavalle se había improvisado un palco para los oradores. Pero no hubo lugar para discurso alguno. Al llegar a la esquina de Lavalle y Libertad, en un sector de la marcha se desplegó una bandera roja, gesto que de inmediato fue respondido por la policía con disparos varios. Le siguieron una nueva tanda de disparos y sablazos que dispersaron a los manifestantes. Los militantes se escurrieron por plaza Lavalle, huyendo de los disparos y la policía.

Otros, varios otros, no tuvieron la oportunidad de la huida y quedaron echados en la calle. El saldo de la represión dejó más de veinte heridos y dos muertos. Al rato llegaron las ambulancias de la Asistencia Pública. Atendieron a los heridos en las farmacias cercanas y en domicilios particulares. Los dos muertos fueron Bernardo Golberg, ruso y de 37 años, y Arturo Casinelli, argentino y de 30 años.

El martes 23 de mayo, el diario *La Nación* repudiaba el abuso del accionar policial, por el uso inmediato de los revólveres, "cuando podía fácilmente haber ahuyentado a todo el mundo con simples cargas y con el uso de sables y machetes". No se contemplaba, bajo ninguna posibilidad, la realización del acto. Golberg murió con un tiro en el corazón y Casinelli, por un balazo en la cabeza. La policía había actuado sin dudas y con suma eficacia.

En París también se consigue

Antonio Ballvé había sido nombrado director de la Penitenciaría Nacional el 22 de octubre de 1904, a días de asumir el gobierno conservador de Manuel Quintana. Luego de los dos muertos de mayo de 1905, él mismo le advirtió al presidente argentino de la posibilidad de un atentado anarquista.

A pesar de los consejos de Antonio Ballvé, los días siguientes a la represión del 21 de mayo la caza de brujas continuó. La policía detuvo a vendedores de *La Protesta,* diario oficial del movimiento anarquista, secuestrando todos sus ejemplares. Allanaron varios locales ácratas, acrecentando la cantidad de detenidos.

Las editoriales de *La Nación* seguían cuestionando algunos aspectos de la política oficial del gobierno de Quintana. Solamente algunos aspectos. Por ejemplo, criticaban la prohibición del uso de la bandera roja, decreto lanzado en noviembre de 1904. "Es abusiva y no conduce a nada", sostenía el diario. Las editoriales, a su vez, retomaban el debate sobre el origen de la represión. Las autoridades oficiales sostenían que el primer disparo salió de la multitud obrera. Pero la reacción de los policías se debió a las banderas rojas y negras que desplegaron los manifestantes al llegar a plaza Lavalle, incluso el mismo diario *La Nación* aceptó esa versión.

El lunes 29 de mayo, el Ministro del Interior Rafael Castillo, accedió a la interpelación en la Cámara de Diputados. El pedido lo había elevado el diputado socialista Alfredo Palacios, presente en la manifestación minutos después del desbande y la balacera, testigo de los desmanes provocados por la policía. El ministro Castillo, un acomodado estanciero catamarqueño, tenía el apoyo incondicional del presidente Quintana, luego de ser uno de los responsables de derrotar la revolución radical de febrero de 1905. Y aglutinaba la desconfianza de los sectores de izquierda.

En ese clima, el ministro se prestó a la acusación incisiva de Alfredo Palacios. El diputado socialista demostró que en las paredes de la zona se encontraron varias balas de Colt, arma oficial de la policía. Argumento que contradecía el supuesto intercambio de disparos. Además, la marcha había contado con la autorización de la policía. El único motivo que el ministro esgrimió, a modo de justificativo de la represión, fue el uso de la bandera roja. Y además defendió, en todo momento, el estado de sitio.

Los argumentos del ministro no encontraban mayor aval fuera del Ejecutivo. *La Nación* insistía en que la represión del domingo 21 había sido una imprudencia del gobierno. Ese mismo día, el diario elogiaba la iniciativa del gobierno de Francia de crear un cuerpo de gendarmería especial para que interviniera con exclusividad en huelgas y actos obreros. En un país "adonde la policía y las tropas han dado pruebas de tanta moderación y de cultura", remataba la editorial. Unos días después, el 1º de junio, París, capital del país culto y moderado, era escenario de un atentado contra el rey de España, Alfonso XIII, acompañado por el presidente francés Maurice Loubet en carácter de anfitrión. Ambos resultaron ilesos, y los autores, dos anarquistas, el español Cazanzán y el australiano Verselins, detenidos el mismo día.

El atentado en Francia, que recorrió las tapas del mundo, legitimaba las advertencias de Antonio Ballvé al presidente Quintana.

El tesorero catalán

Sitges es una ciudad catalana a 38 kilómetros de Barcelona, con una intensa actividad portuaria. Para la familia Planas y Virella nunca fue fructífera la vida en esa ciudad. Salvador José Enrique fue el penúltimo de los ocho hermanos y decidió, a principios de 1902, emigrar hacia Buenos Aires. La familia, por su parte, se mudó a Barcelona a probar suerte. El padre de la familia, don José Planas, quedó ciego y paralítico al poco tiempo de la mudanza, noticia de la que Salvador se enteró ya instalado en Argentina. La vida en Barcelona tampoco sería grata para la familia, por eso, el joven Salvador enviaba una ayuda mensual, una vez instalado en la ciudad porteña. Eso lo forzó a una vida austera, con muchos ahorros y pocos gastos.

La pobreza de la familia no impidió que el joven Salvador Planas adoptara la rutina cotidiana de la lectura, adepto a las novelas de Miguel de Cervantes Saavedra. En su casa también aprendió el idioma francés y el oficio de tipógrafo, y se volvió un lector diario de folletos y libros anarquistas, militante desde el primer día que llegó a Buenos Aires.

Su oficio de tipógrafo le permitió conseguir trabajo a los días de arribar a Argentina, y aunque tuvo empleos ocasionales y mal pagos, nunca le faltó trabajo. Incluso ingresó a la *La Protesta*, en los talleres de Córdoba al 300, al poco tiempo de haberse convertido en diario matinal. A la vez continuaba su militancia, participando en el gremio de imprenteros y en cada una de las manifestaciones callejeras.

El 1° de mayo de 1904, como todos los aniversarios del Día Internacional del Trabajador, la FOA (Federación Obrera Argentina) organizó una manifestación con una clara consigna, "Abajo la Ley de Residencia", que encabezaría la multitud. La lucha obrera, liderada por los anarquistas, se había incrementado contra del gobierno nacional a partir de la sanción de esa ley, en 1902. También incluía otras demandas como el descanso dominical, promesa que el presidente Roca había lanzado el año anterior.

Como despedida de su segundo mandato, ese 1º de mayo de 1904 el gobierno de Roca largó las tropas de la policía a reprimir el acto de la FOA. En horas, las fuerzas policiales despejaron las calles porteñas. El saldo fue una centena de heridos y la muerte de un estibador, José Ocampo, chaqueño y de 25 años. Salvador José Planas y Virella, otra vez, estaba entre los manifestantes y pudo salir ileso.

El diario *La Protesta* en su edición del martes 3, salió con la tapa enlutada y la foto del obrero muerto. Mientras el gobierno, días después prohibió los actos públicos de los movimientos y gremios anarquistas, sumado a una celosa custodia en cada uno de sus locales.

El compromiso de Salvador Planes con el anarquismo fue recompensado cuando lo nombraron tesorero de la Sociedad de Resistencia de las Artes Gráficas, con tan solo 22 años había logrado un reconocimiento de sus propios compañeros. Al poco tiempo se sumó al comité de patrocinios de los presos, en solidaridad con las víctimas de los diferentes gobiernos conservadores. Luego participó también de la liga contra la suba de alquileres, que años después concretarían importantes huelgas, como la de 1907 y 1909. Un movimiento pionero en el mundo.

La militancia anarquista repercutió en su vida laboral. En noviembre de 1904, primero fue detenido e interrogado por la policía por su compromiso político. Del interrogatorio salió a la brevedad pero al regresar al trabajo, se despachó con la noticia de que lo habían expulsado de la imprenta.

A las semanas, Salvador estaba nuevamente con trabajo, esta vez en una imprenta de la calle Reconquista al 200, propiedad de los señores Teillade y Roselló. Su vida en Buenos Aires circulaba entre las estrechas calles porteñas. Alquiló un altillo en Viamonte al 1300, muy barato y demasiado incómodo. El lugar medía unos tres metros de largo y un metro cincuenta de alto, por lo que debían caminar agachado, él y su hermano Ángel, también tipógrafo, con quién vivía desde enero de 1905. También él había arribado a Buenos Aires huyendo de la pobreza familiar, estimulado por su hermano Salvador, con quien viviría apenas siete meses.

Había llegado el año 1905 y un nuevo gobierno conservador, el del abogado Manuel Quintana, representante durante años a empresas inglesas en el país. Nada cambiaría en la relación con el movimiento anarquista.

Don Quijote de bolsillo

El 21 de mayo de 1905, ya de regreso a su altillo de la calle Viamonte, Salvador Planas y Viralle decidió vengar otro ataque del Estado argentino. En silencio y sin compartir su decisión, comenzó con los preparativos. Elegiría al mayor responsable de un nuevo ataque del gobierno nacional al movimiento anarquista, el mismo presidente de la República.

Uno de los primeros datos que averiguó fue la dirección del presidente Manuel Quintana, en la calle De las Artes al 1200, hoy llamada Carlos Pellegrini, a cuadras de la estación Retiro. Lo segundo, conocer la rutina del mandatario, antes de llegar a la Casa Rosada. Los días siguientes los aprovechó para recopilar otros datos de importancia, y por eso se ausentó de su nuevo trabajo. Recorrió el traslado del presidente a la Casa Rosada, detallando cada calle, hora y acompañante. Siguió de cerca al coupé del presidente, conducido por el chófer, Adolfo Piñol, y con la infaltable compañía del edecán José Donato Alvárez. Le faltaba el arma. Consiguió una Smith & Wesson calibre 38, junto a cinco proyectiles. Faltaba decidir el día y cerrar algunos detalles que fueron sucediendo.

Durante varios días estuvo paseando por los costados del parque San Martín y los alrededores, un lugar donde siempre había oficiales de policía cumpliendo tareas de rutina. Tendría que evitar ser reconocido por los agentes, al menos en una primera impresión. Frente al espejo, solo y en su pensión, observaba por un rato sus ojos pardos, el cabello negro y poblado, a sus encías azul oscuras, un color producto de los tantos accidentes a que se exponen los obreros de las imprentas. Se imaginó que ese rostro cambiaría sin sus bigotes, tan negros y espesos como su cabello.

El día del atentado, decidió sacarse el bigote. Ese viernes 11 de agosto de 1905, lluvioso y frío, volvió a faltar a la imprenta. A las diez de la mañana fue a la peluquería de Montevideo al 600, a cuadras de la pensión. Su hermano Ángel ya se había ido al trabajo, a la imprenta de la calle Reconquista 90, en el bajo porteño. Salvador almorzó bananas y naranjas, en el altillo de la calle Viamonte.

Repasó la hora y comenzó los preparativos. Se puso un sobretodo gris y pesado, botines negros y un sombrero. Se calzó la Smith & Wesson en el bolsillo interior del sobretodo, y en otro de los bolsillos un ejemplar chico de *Don Quijote de la Mancha*, del tamaño de la palma de una mano.

Se despidió del altillo de la casa Viamonte antes de las 14 horas y tomó por Montevideo hasta Sarmiento, y por esa calle encaró hacia Retiro. Al llegar a la plaza, se paró frente a la estatua Falucho, en el encuentro de las calles Arenales y Charcas. Se subió la solapa del sobretodo y esperó.

A lo lejos, tal como había calculado, vio asomar el coupé del presidente por avenida Santa Fé, sabía que luego subiría por la calle Arenales.

Frutas para la tos

Susana Rodríguez Viana de Quintana, primera dama de la República, se lamentó en silencio por la lluvia que parecía prolongarse durante todo ese 11 de agosto de 1905. Su casa sería lugar de reunión de las mujeres de apellidos ilustres de la escena porteña. Se darían cita, todas juntas y al mediodía, para inaugurar un correccional de mujeres. Las mujeres, apellidadas Uriburu, Alvear, Dorrego, Lezica, formaban parte de un comité de beneficencia. La hora de la cita era a las 14 horas.

Minutos antes, el presidente de la república, doctor Manuel Quintana había salido con su carruaje hacia la Casa Rosada. A unos siete metros, los custodiaba el coche de siempre, conducido por Antonio Mallats y a su lado, el subcomisario Felipe Pereyra. La hora de reunión de las mujeres de beneficencia coincidía con la llegada del carruaje presidencial a la plaza San Martín, subiendo por la calle Arenales. El recorrido era el de siempre, desde la plaza llegaba hasta Florida y de allí, hasta Rivadavia para cruzar el último tramo hasta plaza de Mayo.

El cochero del presidente, Adolfo Piñol, ya había doblado por la calle Arenales, subiendo la plaza San Martín, cuando Salvador Planes y Virella, enérgico, salió de su refugio. Con movimientos ágiles saltó hacia el coche presidencial, sacó de su sobretodo el arma Smith & Wesson calibre 38 y apuntó directamente a la ventana lateral. A tres metros, con el cuerpo erguido y firme, gatilló una vez, de manera fallida. Gatilló dos veces más, sin que pudiese salir la bala. No hubo más tiempo, del coche que custodiaba al presidente salió el subcomisario Pereyra y tomó a Salvador de las espaldas. Su contextura fuerte le permitió neutralizar un cuarto disparo.

Mientras, el auto presidencial había frenado y el edecán Donato Alvarez quiso bajar lo más rápido posible pero tropezó y terminó en el suelo. Cuando se recompuso, limpiándose la ropa, encontró a Salvador Planes reducido sobre la vereda de la plaza, ya frustrado su atentado. Desde el piso, el joven anarquista comenzó a gritar: "¿Por qué no me matan?".

Al comprobar que el agresor estaba reducido, el edecán Donato Alvárez se volvió a su auto y le comunicó al presidente:

—Acaba de salvarse de un atentado.

De inmediato, el edecán Alvarez ordenó al cochero Adolfo Piñol salir de la escena, hacia la misma casa del presidente. Mientras, Salvador Planes era conducido a la Casa Central de Policía por los agentes.

En la primera declaración, Salvador Planes defendió el atentado desde una óptica anarquista. Ante las autoridades de la Casa de Policía, argumentó que "matando jefes de estado se cambiará el sistema actual de gobierno de los países". La primera pericia que se hizo conocer sostenía que el anarquista español estaba en sus plenos cabales, es decir, podía ser imputado.

Ángel Planas y Virella tenía dos años menos que Salvador, el más chico de los ocho hermanos. Cuando la policía irrumpió en el altillo de la calle Viamonte, Ángel estaba a punto de cenar unas frutas. Él era vegetariano, igual que su hermano. En la casa, además de gran cantidad de bananas y naranjas, la comida predilecta de Salvador, encontraron libros y textos anarquistas, todos secuestrados por la policía. Se llevaron un folleto titulado "¿Por qué somos anarquistas?", y varios periódicos editados en España y en París. También textos de Marx, Max Nordau, Enrico Malatesta, entre otros autores.

Los agentes se retiraron con el material anarquista y se llevaron a Ángel para que pudiera ver a su hermano. En su primera noche de detención, le llevó ropas y sobre todo, mucha fruta. Salvador Planes era vegetariano desde hacía unos años, por consejo de un médico ante la tremenda tos que lo atacaba durante las noches. Hábito que imitó Ángel, apenas llegó al país.

En una breve entrevista que *La Prensa* le hizo a Ángel Planes, publicada el sábado 12 de agosto, al otro día del atentado, confirmó que su hermano era un exaltado anarquista pero que desconocía la intención de atentar contra el presidente. Ángel trabajaba de minervista en una imprenta de la calle Reconquista, oficio que también aprendió en su pueblo natal. Reconoció también que Salvador le había pagado el pasaje a Argentina, luego de insistirle con que concretara el viaje. Y Ángel finalmente acató la sugerencia.

En esa entrevista elaboró un breve retrato de su hermano, y recalcó que se trataba de un trabajador honesto y sobre todo, cumplidor. También destacó que en las últimas semanas se lo notaba más exaltado que otras veces, durmiendo poco y con intensos ataques de tos. El motivo, según lo declarado por Ángel, era un desamor con una tal Josefa.

Salvador había participado activamente en los movimientos huelguísticos de los últimos meses. Entre esas reuniones, él como representante del gremio de Artes Gráficas, se mantuvo en contacto con otros gremios, entre ellos los de zapateros y aparadores de botines. Allí conoció a Josefa, hija de obreros españoles. De inmediato nació una "corriente de simpatía entre ambos", tal como describió el diario *La Prensa*, el sábado 12 de agosto de 1905. Tal fue esa corriente de simpatía que Salvador le pidió la mano de la joven, aparadora de botines, a sus padres.

Según cuenta la crónica de *La Prensa*, Salvador no tuvo mejor idea que invitar a su novia y a sus suegros a una jornada anarquista en el local de Casa Suiza, en la calle Rodríguez Pena. En esa jornada se lo vio a Salvador no sólo comprometido con las ideas ácratas, sino exultante y con gestos virulentos. Desde esa noche, los padres prohibieron los encuentros de su hija con Salvador. Fue el fin de la relación y el inicio de un período depresivo, algo que detalló su hermano Ángel. Durante las noches se lo veía ofuscado, dando vueltas por el pasillo del altillo, solo y con el revolver en su mano, a modo de juego. Incluso su tos se había agudizado luego de la ruptura con Josefa.

Ese cambio de ánimo también lo notó el propietario del altillo, que en esos días quiso aumentarle el alquiler un cincuenta porciento, aumento que Salvador se negó a pagar. Como tipógrafo, solía ser puntual y eficaz en su trabajo. Por eso, en la imprenta se extrañaron de su ausencia, el martes 8 de agosto, día que comenzó a faltar al trabajo. Durante toda esa semana faltó. Nadie se había imaginado en qué tarea andaba ocupado.

El regalo de Reyes

Luego de estar detenido unos días en la alcaidía de la Casa Central de Policía, Salvador Planas fue trasladado a la Penitenciaría Nacional. Su nombre fue reemplazado por el número 610, compartiendo la celda con unos anarquistas italianos. El patio central de la cárcel tenía un bello jardín, repleto de plantas diversas y nutridas. El cuidado del jardín estaba a cargo de los reclusos, por eso a la Penitenciaría, donde actualmente está el Parque Las Heras, la llamaban "La Quinta".

Mientras el tema del atentado al presidente Quintana iba mermando en la prensa nacional, comenzó a hablarse de una posible amnistía a los detenidos por la revolución de febrero de 1905. Todos ellos, recluidos en el penal de Ushuaia, todos ellos radicales. El tema lo propuso el Congreso y el mismo presidente Quintana. Otros políticos de trascendencia se mostraron a favor de una ley que liberara a los revolucionarios. Y tan sólo habían pasado unos seis meses del hecho.

La amnistía finalmente se dio en junio 1906, bajo la presidencia de José Figueroa Alcorta. Más allá del tiempo que pasó entre la amnistía y su debate inicial, quedaba demostrado que la misma clase dirigente, conservadora y oligárquica, polarizaba al sector de los rebeldes. Había malos y buenos revolucionarios, rebeldes decentes por un lado, y los sublevados de "ideas avanzadas" por otro. Y en esa división de aguas, el anarquismo estaba condenado, sin posibilidad de amnistías ni redenciones.

Salvador pertenecía al bando de los rebeldes condenables. Ya instalado en la Penitenciaría Nacional, comenzó a trabajar en la imprenta, esperando la sentencia definitiva. En septiembre de 1907, la justicia lo condenó a diez años de prisión. Su defensor, el abogado Roberto Bunge, alegó que no estaba en sus cabales, buscando la inimputabilidad, pero no fue escuchado. La pena la debía cumplir en la cárcel de la calle Las Heras.

En los primeros días de marzo de 1908, llegó a la Penitenciaría un obrero salteño de mirada dura, de muy poco hablar y siempre mesurado. Fue refugiado en el mismo pabellón que Salvador, detenido por tentativa de asesinato, también a un presidente. Era Francisco Solano Regis, y su blanco había sido Figueroa Alcorta, atentado también frustrado.

Los anarquistas eran supervisados de cerca por las autoridades, ante el miedo al complot y a posibles rebeliones. Sin embargo, ninguna de esas autoridades intuyó que en esas charlas, en el patio de la Penitenciaría o en los recreos, estaban tramando una fuga. Y así sucedió.

Había comenzado el año 1911 y la prensa nacional informaba de las fuertes lluvias que azotaron a Buenos Aires. Los barrios de siempre fueron los más perjudicados. A su vez, el piloto francés Marcel Paillette sobrevolaba parte de la ciudad porteña con su monoplano Blériot. Se anunciaba también una huelga de los conductores de carros que generaría disturbios en la ciudad.

En la Penitenciaría Nacional una decena de presos contaban los días. El feriado de Reyes Magos, el día elegido. El 6 de enero de 1911 los trece reclusos, pasada la una del mediodía, se escaparon por un túnel construido en el jardín de la Penitenciaría. Los reclusos fugados estaban detenidos por delitos comunes, como robos y hurtos. Todos del pabellón número 8. Los únicos dos presos por causas políticas eran Salvador Planes y Virella y Francisco Solano Regis.

El huraco por donde se escaparon se había hecho, con artesanal paciencia, en el jardín del patio de la Penitenciaría Nacional, en medio de las plantas que cuidaban los mismos presos, por lo que les resultó fácil excavar el agujero. Habían disimulado el pozo con una tabla cuadrada, cubierta por tierra y césped. La tierra extraída, a medida que se escarbaba el pozo, la dispersaron por los otros canteros del mismo pabellón. Con esa artesanal paciencia, el huraco armado lograba pasar por debajo del murallón. Del otro lado del murallón, la calle.

Un cerco cubierto por un rosedal tupido separaba el pabellón de los anarquistas del patio donde se hizo el boquete. La pregunta que sobrevino ante la primera pesquisa fue cómo los dos ácratas lograron pasar al pabellón 8, ya que no habían violentado la puerta. A los días, las miradas recayeron sobre Simón Radowitzky, que el día de la fuga había permanecido en la imprenta del penal.

Simón Radowitzky, quién había matado a Ramón L. Falcón en noviembre de 1909, compartía el pabellón junto a Francisco Solano Regis y Salvador Planas y Virella, y fue quien armó la ganzúa para pasar por la puerta, hacia el pabellón 8. Y luego, a la calle. La pregunta que quedó flotando era por qué el joven ruso no escapó junto a los otros trece presos, teniendo en cuenta el contacto entre ambos pabellones. Incógnita que el propio Radowitzky decidió prolongar con su silencio.

Los días fueron pasando, los fugados no aparecían y entonces desfilaron las hipótesis. Se decía que algunos de ellos habían cruzado a Montevideo, mientras otros habían tomado un tren en Retiro para escabullirse en el delta del Tigre. Días después, circuló una versión que dos de los fugados estaban pernoctando en General Belgrano, provincia de Buenos Aires.

Mientras, seguían juntando datos para encontrar la complicidad interna del penal. Desde el lugar que ocupaban los custodios, en los diferentes torreones, se podía ver la fuga. Según calcularon las investigaciones, cada persona demoraba cuatro minutos en atravesar el túnel, tomando en cuenta su tamaño. Por lo tanto, durante más de cincuenta minutos fueron saliendo los presos, uno a uno. Un tiempo extenso como para no ver ninguno de los reclusos salir de la cárcel.

La Penitenciaría contaba con unos 54 custodios para los 950 presos alojados. Según el análisis de *La Prensa* del sábado 7 de enero de 1911, varios de los conscriptos a cargo de la tarea de custodiar el penal provenían de los "círculos criminosos de donde son originarios los presos". Por eso, según ese diario, se afianzó una complicidad con los presos, lo que les permitía conservar llaves, armas, dinero, etc. Además, se acusaba del contacto fluido de los presos con el exterior, por las cartas enviadas de manera frecuente y sin control. Un año antes, el director de la Penitenciaría había pedido al ministro de Justicia e Instrucción Pública, Rómulo Naón, el derecho de revisar esas correspondencias, demanda que no prosperó.

Al otro día de la fuga, quedaron incomunicados cuatro centinelas que habían cumplido horario entre las diez de la mañana y las dos de la tarde. A ellos se les sumaba el sargento Pujol, que en el momento de la fuga se había ausentado de la Penitenciaría por un viaje a Caseros. En su lugar había dejado a un centinela, hijo de un cochero, con "sospechosos antecedentes". Todos bajo sospecha.

La única certeza de la investigación era el auto que en la esquina de Juncal y Salguero dejó unos atados con ropa para los fugados. Sólo dos no pudieron reemplazar sus ropas de preso. El cochero de ese auto había sido detenido días después.

Nadie había visto a los presos por las calles aledañas a la Penitenciaría. Un detalle que inquietaba a los investigadores, ya que la fuga se había dado en pleno día. Solo un niño declaró divisar a uno de los reclusos salir de la cárcel, el único testigo. Sin embargo, la pesquisa no pudo avanzar. Era la primera gran fuga en la historia argentina.

Años después se supo que Salvador Planes y Francisco Solano Regis cruzaron a Uruguay, con ayuda de otros anarquistas. Continuaron en la otra orilla del Río de la Plata, se supone, ya que no se conoció un posible regreso a Argentina ni tampoco actividad alguna en el país. A los anarquistas los unió, primero, la intención de matar a un presidente de la República, y luego, una de las fugas más importantes, tarea coordinada con presos comunes, un detalle casi excepcional en la historia argentina.

Capítulo II

Un anarquista bajo la lluvia

Bombas a domicilio

Cuando vio el coche presidencial vacío en la explanada de la Casa Rosada, advirtió que el doctor Figueroa Alcorta ya había ingresado a su lugar de trabajo. Por eso, con la paciencia que sugería la llovizna de la tarde del 28 de febrero de 1908, decidió trasladarse a Tucumán al 800, la casa particular del mandatario, caminando a paso firme. Ya conocía el domicilio.

Al llegar a la casa de la calle Tucumán, lo primero que Francisco Solano Regis descubrió fue al custodio personal del presidente, el oficial inspector José González, perteneciente a la comisaría 3ª, a cargo del cuidado del domicilio. El presidente tenía custodia personal por las reiteradas amenazas desde hacía tiempo atrás. Era febrero de 1908 y cierto sector del anarquismo ya había demostrado las formas de vindicar el maltrato a la clase obrera.

Francisco se escondió en el zaguán de la casa de al lado, simulando refugiarse de la llovizna. Durante más de una hora esperó en ese lugar. Habían pasado unos minutos de las seis y media de la tarde, cuando de lejos vio el coche presidencial, bajando por la calle Florida. Era el momento. Al llegar a su casa, el doctor Figueroa Alcorta bajó del auto, se quedó hablando con el edecán personal, el capitán de fragata Ernesto Anabia, en uno de los corredores. Francisco, entonces, salió del zaguán vecino, se adelantó unos metros y tiró un paquete humeante, echando chispas. El paquete cruzó por encima del techo del auto hasta llegar a los pies de los hombres del presidente.

En un rápido movimiento, el presidente logró apartar con el pie izquierdo el paquete, y custodiado por su edecán, se metió de inmediato en su domicilio. Los agentes que lo acompañaban, echaron un balde de agua al bulto para evitar que continuara quemándose. El agua logró apagar el humo y el incipiente fuego. Habían sofocado el atentado.

El cochero del presidente, por su parte, salió corriendo tras el joven agresor, que huía por Tucumán hacia la calle Florida. En la corrida, el cochero advirtió a los policías de la zona. El oficial Luis Ayala, cumpliendo función sobre la calle Tucumán, fue el primero en reaccionar. No resultó fácil la tarea, ya que el joven Francisco sacó un cuchillo e intentó herirlo. Con la ayuda del agente José González, lograron detenerlo.

Mientras, en la casa particular del presidente volvía la tranquilidad. El bulto ya no echaba humo y había sido desactivado. Al rato, personal de la comisaría 3ª lo trasladó a la dependencia para una primera pesquisa. Cuando la noticia se expandió por la ciudad, Figueroa Alcorta comenzó a recibir visitas de algunos de sus ministros y del propio jefe de policía, Ramón L. Falcón. La noticia ya ocupaba las pizarras de los diarios.

Francisco Solano Regis, detenido en la comisaría 3ª, asumió la agresión, confesando su militancia anarquista y aclarando que había actuado solo, sin cómplices ni organización detrás. A la noche fue trasladado a la Casa Central de Policía. Otro anarquista detenido, otro frustrado atentado a un presidente.

Duraznos para la primera dama

En el corredor del domicilio, un desconocido había dejado un obsequio para la primera dama, la señora Josefa Boquet

Roldán de Figueroa. Era una bonita canasta repleta de duraznos. En el living del domicilio, cuando comenzaron a sacar las primeras capas de duraznos de la canasta, encontraron una bomba explosiva, lista para entrar en contacto con un reloj despertador. Estaba preparada para estallar a las ocho de la noche de ese mismo día. Se trataba de una bomba casera con un mecanismo sumamente precario, armada con un reloj despertador, un papel de lija y fósforos y los explosivos. Ese día, a mediados de febrero de 1908, nadie sospechó del joven que en la vereda de enfrente simulaba esperar el tranvía. Quince días después probaría con un segundo intento.

Ese joven era Francisco Solano Regis, un salteño de 21 años, que la tarde del 28 de febrero de 1908 intentó por segunda vez atentar contra el presidente. Otra tarde lluviosa como la del ataque al presidente Manuel Quintana, otro atentado frustrado. "El presidente de la República me perjudica y no me deja trabajar y por eso atenté contra su vida preparando yo mismo la bomba que le arrojé sin resultado", declaró a las horas de la agresión. En esa primera declaración, en la comisaría 3ª, también se había confesado anarquista personalista.

Había llegado a Buenos Aires en diciembre de 1905 y vivía en una pieza de la calle Avellaneda al 300. En Salta trabajó en la fábrica de mosaicos hidráulicos del constructor Carlos Macchi, donde había aprendido el oficio. En la fábrica conoció a Antonio Canterini, y de inmediato lo convenció de viajar a Buenos Aires, con la sencilla y osada idea de probar suerte. El consejo de Antonio dio resultados, ya que en noviembre de 1905 renunció a la fábrica y en diciembre ya vivía en Buenos Aires. Consiguió trabajo con facilidad como mosaiquista, oficio heredado bajo las órdenes del señor Macchi.

Creció en una familia humilde, hijo adoptivo de Mercedes Reyes mientras su padre falleció antes de que naciera. A los diez años entró a servir a la casa del señor Sixto Ovejero, siempre en la ciudad de Salta, tan aristocrática como en tiempos de la colonia, mientras que a la noche estudiaba en la escuela "Benjamín Zorrilla". En la casa de Ovejero permaneció durante seis años, hasta que ingresó a trabajar a la fábrica de Macchi. Desde su primer sueldo ayudó a la madre adoptiva, doña Mercedes Reyes, quien trabajaba en casas de familia.

Al salir de la fábrica de mosaicos, se pasaba las tardes leyendo en la biblioteca popular de Salta. Se volvió un voraz lector aunque, según le dijo al diario *La Prensa* Serafín Regis, su madre natural, en esos años el joven Francisco odiaba al anarquismo. También declaró que había tenido pocas noticias de su hijo en Buenos Aires. Se había enterado de que estaba planeando un viaje a Europa, pero no supo mucho más.

La señora Regis acusó a un pariente de Salvador, que vivía en La Plata, de interiorizarlo en el anarquismo. En algún lugar o por alguien había adoptado esas "ideas avanzadas", casi desconocidas en su provincia natal. Según lo que declaró el propio Francisco, en una entrevista publicada el domingo 1º de marzo de 1908 por el diario *La Prensa*, había leído mucho anarquismo. "Lo bastante para convencerme de que cuando hay algo malo su extirpación radical se impone, a fin de evitar que siga dañando lo que se halla a su alrededor", dijo el joven salteño, que con 23 años ocupaba la atención de la prensa nacional, a meses de comenzado el año 1908.

La química libertaria

Cuando Salvador tomó la decisión de atentar contra el presidente Figueroa Alcorta, comenzó a leer libros de química, para conocer qué tipo de combustibles y mezclas darían como resultado un explosivo. En la farmacia "Gibson", en la esquina de Alsina y Defensa, a cuadras de la Casa Rosada, compró buena parte de los químicos. El tarro, en una ferretería del barrio de Caballito. Destinó una importante inversión para armar la bomba.

Armó la bomba la misma mañana del atentado. En el interior, tenía más de trescientos clavos y unos cien remaches, cuatro balas bull-dog calibre 12, fragmentos de vidrio y alambres. La bomba estaba cargada con clorato de potasio, ácido sulfúrico y nítrico.

En total, pesaba algo más de seis kilos. Tenía poco ácido sulfúrico, según las pericias policiales, por eso no pudo explotar con fuerza. Y no explotó porque el frasco, al caer la bomba, no pudo romperse. Los papeles de diario que envolvían el bulto provocaron el incendio y el humo posterior.

En la mañana del viernes se levantó con la tarea y el objetivo de armar la bomba. Luego del almuerzo, se vistió de manera elegante, con ropas sueltas ante el calor de febrero. Si algo caracterizaba al joven Francisco Solano era la sobriedad en el vestir y la mesura en su conducta. Luego, salió en tranvía hacia la Casa Rosada, pensando que ése sería el lugar donde arrojaría la bomba. Había fallado en el primer cálculo. El presidente ya había ingresado. La segunda oportunidad sería la casa particular, en la calle Tucumán.

La policía allanó la pieza de Salvador el mismo viernes del atentado a la noche y al otro día por segunda vez. Encontraron libros anarquistas y varios textos de "ideas avanzadas". Y también material para hacer bombas, como manuales de química, frascos y otros elementos químicos. Más allá de la imperiosa voluntad que lo movilizaba, el joven Francisco no había adquirido una experiencia eficaz en la formación de bombas. Los dos artefactos que había echado en la casa particular del presidente argentino no estallaron.

Presidente al cubo

Figueroa Alcorta llegó a Buenos Aires luego de ejercer varios cargos como ministro en el gobierno de Córdoba, su provincia natal, en los últimos años del siglo XIX. Y llegó con la clara intención de progresar en su carrera política. Pero seguramente jamás pensó las adversidades que debería atravesar en esa ascendente profesión. De los presidentes conservadores que ejercieron el poder desde 1880 a 1916, posiblemente haya sido quién debió soportar las mayores dificultades, incluyendo dos atentados a su persona.

En la historia argentina, Figueroa Alcorta tuvo la particularidad de ser el único en haber presidido los tres poderes de la República. Comenzó su carrera como diputado por Córdoba y ministro en varios gobiernos de esa provincia. Luego, llegó a la vicepresidencia acompañando a Manuel Quintana, en 1904. En ese momento, ejerció la primera presidencia, la del Senado de la Nación.

La enfermedad y posterior muerte de Manuel Quintana, el 12 de marzo de 1906, le permitió llegar a la presidencia de la República, hasta 1910, cuando finalizó su mandato. La tercera presidencia que ejerció Figueroa Alcorta fue la de la Corte Suprema de Justicia, desde 1929 hasta 1931, año en que murió.

El primer gesto como Presidente de la Nación, cargo que ocupó el 25 de enero de 1906 cuando Quintana tomó licencia en su cargo, amagaba con inaugurar una gestión de diálogo con los sectores opositores, coherente con su histórico enfrentamiento con Roca. Y ese primer gesto fue el indulto a los revolucionarios de febrero de 1905. Parecían avecinarse tiempos de diálogo, con reuniones en secreto con Hipólito Irigoyen. Esos gestos deberían desembocar en la ansiada ley de reforma electoral, se esperanzaban los radicales.

Los tiempos de diálogo que parecía auspiciar el nuevo presidente se toparon con la función que había heredado: la organización de los festejos del Centenario. Para eso sería primordial el orden social. El principal estorbo eran los movimientos obreros, muy activos en la primera década del siglo XX, y finalmente actuó como el resto de los gobiernos, con la impunidad de siempre. Ya en julio de 1907, el gobierno de Figueroa Alcorta acrecentaba el saldo de obreros muertos. En una huelga de portuarios en Ingeniero White, la marina intentó controlar el puerto y dejó seis muertos y decenas de heridos. El 1º de mayo de 1909, en un acto por el día internacional del trabajo, la policía al mando de Ramón L. Falcón ensangrentó la plaza Loria con anarquistas acribillados. Con el crimen de Falcón, peligraba el orden del Centenario. Y fue un hecho con la bomba en el Teatro Colón.

El presidente Figueroa Acorta no dudó en imponer su autoridad. A principios de 1908, clausuró el Congreso cuando el poder legislativo se negaba a aprobar el pago del presupuesto para ese año. La decisión habilitó a usar el presupuesto de 1907 y por un tiempo el Congreso quedó sin tareas.

La presidencia de Figueroa Alcorta comenzó con una actitud dialoguista frente a una oposición aceptada, los rebeldes radicales, para finalizar con una nueva ley discriminatoria, la de Defensa Social. Lo que demostraron sus cuatro años de gestión fue el nivel desigual de tolerancia con la oposición. O de qué manera se aceptaba a un sector político como oposición y la rigidez con que se actuaba con el anarquismo.

Un Sherlock Holmes a la criolla

A días del atentado al presidente Figueroa Alcorta, diferentes sectores dentro del gobierno ofrecían soluciones para la relación con el movimiento obrero y evitar así nuevas muertes, escena recurrente en esos primeros años del siglo XX. A principios de marzo de 1908, el doctor José Nicolás Matienzo, flamante director del Departamento Nacional de Trabajo, propuso la creación de una junta de conciliación que actuara a pedido de alguna de las partes, es decir, de obreros o patrones. Su pedido iba a contramano del decreto del 20 de octubre de 1904, el cual le otorgaba atribuciones al jefe de policía de turno para actuar en ese tipo de conflictos. Esa intervención policial ya había dejado un tendal de muertos en actos y manifestaciones callejeras. La mira seguía puesta en el sector anarquista.

En esos días, como contrapeso al espíritu dialoguista del doctor Matienzo, se hacía conocer la propuesta de Ramón L. Falcón para evitar la llegada de anarquistas al país. El jefe de policía pedía autorización al ejecutivo para infiltrar agentes de investigaciones en los barcos que llegaran al país, con la intención de detectar anarquistas y delincuentes expulsados de los gobiernos europeos. Esta suerte de "Sherlock Holmes a la criolla", para evitar la llegada de futuros "agitadores", los seleccionaría la propia jefatura de policía.

Ramón L. Falcón se había mostrado activo al inicio del año 1908. El propio jefe de policía pidió al poder ejecutivo prohibir los actos públicos en calles y plazas para evitar el entorpecimiento del tráfico, así como también el daño de los árboles y el césped. En una editorial del miércoles 18 de marzo, *La Nación* tildaba de "inverosímil" al pedido de Falcón, alegando que eso sería restringir la libertad política. Pero el jefe de policía tenía la solución para los actos públicos, ya que proponía celebrar ese tipo de manifestaciones en locales cerrados o sitios aislados.

La sugerencia de Matienzo, en cambio, se basaba en una tendencia "modernísima" en Europa para resolver los conflictos con los movimientos huelguistas, sancionando leyes sociales y obreras que respeten los principios de libertad y de justicia. Mucho pedir para el gobierno conservador, más aun para una gestión que debía garantizar el orden para los festejos el Centenario. Todo indicaba que la tendencia "modernísima" europea sería postergada para acrecentar la política de control y represión, acorde al pedido del jefe de policía. El mismo jefe de policía que sería víctima de la violencia ácrata, en noviembre de 1909 y a manos de un anarquista que llegó escapando de los sablazos rusos.

Ante tantas idas y vueltas, el 10 de marzo tendría un motivo para celebrar el jefe de policía. Ese día se anunció la deportación del anarquista Ramón Artoneda, uno de los instigadores de la huelga de inquilinos y secretario del gremio de los mozos de hotel. Se le aplicaba la Ley de Residencia, una legislación acorde al trato represivo para resolver los conflictos obreros. Otra demostración de que la "modernísima" propuesta de Matienzo apenas alcanzó elogios de algunos pocas editoriales de *La Nación*. Tan sólo eso.

Todos los caminos conducen a Montevideo

Cerca de las 13:30 horas, el soldado conscripto Francisco Garín, apostado en el torreón 5 de la Penitenciaría Nacional, dio la voz de alarma y advirtió "que se escapaban algunos presos". Los reclusos huían por la calle Salguero, hacia Juncal. Inmediatamente, la autoridad del penal mandó encerrar al resto de los detenidos en sus calabozos, los que estaban en los talleres y los que permanecían en el recreo.

Cuando supervisaron el número de los presos, dieron cuenta de que faltaban trece reclusos. Entre ellos, el preso número 335, el mismo Francisco Solano Regis. Por su propia voluntad, había conseguido la libertad diecisiete años antes de cumplir la condena. El 6 de enero de 1911 había recuperado la libertad.

Al enterarse de la fuga, se ordenó rodear la Penitenciaría pero no se encontró a nadie. Tampoco en los siguientes días. La fuga resultó un auténtico éxito. Al año siguiente, once reclusos intentaron escapar por una de las cloacas de la Penitenciaría Nacional, pero sólo uno logró el objetivo. Los otros diez quedaron dentro del penal, pagando las culpas por el que pudo escaparse y por los otros trece del día de Reyes Magos del año 1911.

Francisco Solano Regis huyó a Montevideo, junto a su compañero Salvador Planes y Virella. Nunca se supo más nada de él. Los primeros cimbronazos anarquistas en Uruguay se dieron a partir de los años treinta, a la inversa que en Argentina. Tal vez la presencia de varios ácratas argentinos dejó algún legado. Uno de ellos fue Simón Radowiztky, que eligió Montevideo cuando le dieron el indulto, en abril de 1930.

Lo cierto es que en marzo de 1931, de la mano de un argentino, se dio una de las fugas más espectaculares en Uruguay, casi una imitación de lo sucedido veinte años atrás en la Penitenciaría Nacional de la calle Las Heras. En el penal de Puntas Carretas estaban detenidos varios militantes ácratas, entre ellos Antonio Moretti, tres catalanes y otros anarquistas responsables del robo al local de cambios "Messina".

Nadie sospechó cuando frente al penal se inauguraba una carbonería, en agosto de 1929, sobre la calle Francisco Solano García. "El buen trato" se llamó el local, nombre particular teniendo en cuenta que había sido abierta por militantes libertarios. El propietario del local era el italiano Gino Gatti, que junto a su familia cosechó buenas relaciones con los vecinos. Por eso no comprendieron cómo de un momento a otro, la primera semana de marzo de 1931, la familia abandonó el barrio rumbo a Argentina.

La carbonería había quedado vacía por unos días, salvo la visita de incógnito de Miguel Arcángel Roscigna, Andrés Vázquez Paredes, el "Capitán" Paz y Fernando Malvicini. Roscigna y Malvicini habían tenido un maestro de lujo, Severino Di Giovanni, formando parte de la banda del italiano en la otra vereda del Río de La Plata.

Hasta que el 31 de marzo de 1931, en el patio de la carbonería se dieron cita once presos del penal de Punta Carretas. Habían cruzado hacia la carbonería por un túnel de unos cincuenta metros de extensión, en forma de bóveda e iluminado con luz eléctrica, que se iniciaba en el patio del penal. "Es una obra técnicamente perfecta", dijeron los peritos policiales, al descubrirlo. Apenas se reunieron en el patio, se despidieron de Punta Carretas en dos autos, robados días atrás.

Tal fue el desconcierto de las autoridades del penal que en esos días estuvieron vigilando de cerca al alemán Erwin Polke, blanco de sospechas. Mientras los ácratas se refugiaban por diferentes barrios montevideanos, el alemán continuaba jugando al ajedrez en medio del patio del penal, durante los recreos.

Tal fue la artesanía de la obra de Roscigna y compañía, que cuarenta años después, en una nueva fuga de otros presos políticos, supieron usar el mismo túnel. En septiembre de 1971 la cúpula de los Tupamaros preparó la fuga del mismo penal de Punta Carretas. Cuando estaban construyendo el pozo por donde escapar, descubrieron la obra realizada por los anarquistas años atrás, casi intacta. Y por ese mismo túnel se fugaron 107 militantes tupamaros y cuatro presos comunes. Dos causas y un mismo túnel.

"Aquello fue un orgasmo nacional, una epopeya", recordó el poeta y dirigente tupamaro Mauricio Rosencof, partícipe de la fuga. Entre los fugados estaba el ex presidente, José "Pepe" Mujica y tantos otros funcionarios de su gestión.

La primera gran fuga de presos políticos había sido en enero de 1911, en la antigua Penitenciaría Nacional de la calle Las

Heras, un derrotero a imitar. Los ácratas que diseñaron la fuga, Francisco Solano Regis y Salvador Planas y Virella, eligieron Montevideo como refugio. Una senda que otros tomarían como método para burlarse del control del Estado.

Capítulo III

El santo anarquista

El arsenal de Simón

Se miró al espejo algunas veces más antes de salir. Se acomodó el sombrero chambergo negro, se alisó la corbata color verde y sonrió. Con sus dos manos se ajustó el tirador de cuero de charol con los 43 cartuchos de bala y volvió a sonreír. Estaba tranquilo. Eran las seis y media de la mañana. La imagen le devolvía rasgos que engañaban sus dieciocho años recién cumplidos. Los gestos rectos de sus pómulos y de su mandíbula, la mirada recia, madura. En aquella mañana del 14 de noviembre de 1909, Simón Radowitzky tenía todo listo para cumplir su objetivo.

Luego se demoró observando la herida que le llegaba hasta el cuello, un surco irregular que nacía en el pecho. Una herida que arrastraba de Kiev, de uno de los tantos choques entre los obreros y la policía rusa. Habían pasado más de cuatro años de ese enfrentamiento y sin embargo lo recordaba intacto, incluyendo los zumbidos de los sables.

Se alejó del espejo del baño y caminó hasta la mesa de la única habitación de la pensión. Le faltaba cargar una parte del arsenal. Comenzó con el revólver niquelado, imitación de Smith

& Wesson. Lo ubicó en el bolsillo izquierdo de su saco azul marino. A los otros cargadores, con siete balas cada uno, los metió en el bolsillo interno del saco. Con esfuerzo, entraron. A la pistola Mauser la dejó entre el cinturón con los cargadores y su pantalón.

La mesa fue quedando vacía a medida que acomodaba el arsenal entre sus ropas. Quedaba por guardar aún lo más importante: la bomba. La sacó del fondo del baúl. La metió en una bolsa de papel madera y se la puso bajo la axila izquierda. Caminó unos pasos cortos y circulares por el interior de su pensión como para adaptarse a deambular por la ciudad con semejante armamento.

Atravesó el pasillo y advirtió que la pensión del barrio de Balvanera permanecía en un envidiable silencio. Sus compañeros de pensión no habían regresado de un baile al que él también había sido invitado. Por eso se movía con soltura, sin sobresaltos.

Tomó por la calle Andes, decidido a caminar las casi veinte cuadras que lo distanciaba de la casa del verdugo. Su saco color azul marino le pesaba el doble. Las calles respetaban la pasividad de un domingo a la mañana. Las ferias y las panaderías eran de los pocos locales con movimiento. Las pensiones de obreros, baratas y pobladas por un sinfín de lenguas y colores, se mantenían mudas.

A las siete de la mañana llegó a la esquina de Callao y Santa Fe. Días antes la había recorrido varias veces, la esquina donde esperaría al jefe de policía. La casa del Coronel Ramón L. Falcón ocupaba media cuadra, una entrada también amplia, una explanada en ascenso y un jardín que requería de un cuidado cotidiano.

Desde esa esquina, con el diario en mano, Simón Radowitzky quedó esperando. *La Argentina* anunciaba la llegada de la fragata Sarmiento a costas francesas. Se pronosticaba una recepción auspiciosa. En la misma escala de importancia, se resumía el atentado al virrey de India, en el centro de Bombay. La bomba había explotado a metros del coche sin provocar daños al mandatario. En las páginas del interior, una noticia alertó a Radowitzky. Ese domingo, en el cementerio de la Recoleta, despedían los restos de Antonio Ballvé, director del Servicio de Penitenciaría Nacional.

Advirtió entonces que el Coronel Falcón no podía faltar al sepelio. Se anunciaba a las diez y media de la mañana.

Dobló el diario en dos, lo puso bajo su brazo izquierdo, y se alejó de la esquina. En la mansión del jefe de la policía, de su víctima, no había casi movimientos. Decidió desayunar en algún bar cercano y esperar la hora del sepelio. Sería el vindicador anarquista más joven de la historia.

La última misa

La misa había terminado minutos antes de las doce del mediodía. Las personalidades más distinguidas de la Argentina agroexportadora se habían hecho presentes en honor al nombre y la trayectoria de Antonio Ballvé, fallecido hacía unos días. Había sido compañero de trabajo de Ramón L. Falcón antes de ocupar la jefatura de policía y, sobre todo, su amigo personal.

El Coronel Ramón L. Falcón cruzó el pasillo alfombrado de la iglesia del cementerio de la Recoleta con paso lento, altivo y firme, como para no perder el saludo de todo aquel que se le cruzara. Todos conocían al coronel. A su derecha lo acompañaba Alberto Lartigau, su secretario privado, un muchacho de veinte años, eficaz en su trabajo. A pesar de su edad, ocupaba un cargo que mucho otros, funcionarios de vasta experiencia, ansiaban: el hombre de confianza de Ramón L. Falcón.

Al llegar a las escalinatas de la iglesia, mientras continuaba saludando con su gesto adusto y amable, el jefe de la policía se puso el sombrero y con un movimiento de su mano izquierda, indicó a su joven secretario el rumbo a seguir. El auto los esperaba a un costado de las puertas del cementerio.

El italiano Isidro Ferrari, el chofer del milord, al verlos llegar, se acomodó en su asiento y tomó el extremo de las riendas de los dos caballos, listo para retomar su labor. Ferrari, chofer desde el año 1898 y conocedor como pocos de la ciudad de Buenos Aires, sabía el itinerario a seguir antes de llegar a la iglesia. El

Coronel Falcón le había indicado el recorrido apenas subió al coche. Hombre precavido y ordenado, el Coronel.

Tomaron por la calle Guido, en dirección a la avenida Quintana, en un trote lento. Los caballos arrastraban la pereza de domingo. El jefe de la policía, una vez que se distanciaron unas cuadras del cementerio, retomó la rutina del trabajo. Unos días atrás habían entregado al ministro del Interior, doctor Nicolás Avellaneda, un informe sobre las actividades anarquistas en la ciudad. Todo se inició con una investigación del comisario inspector José Luis Vieyra sobre los hechos políticos que convulsionaban a Buenos Aires.

En el informe se alertaba sobre la capacidad del sector más radicalizado del anarquismo en la creación de bombas caseras. Había una lista importante de atentados donde fueron utilizadas. Entre esos datos y fechas ni por remota casualidad figuraba el nombre de Simón Radowitzky.

El jefe y su secretario continuaron intercambiando comentarios sobre el informe. Aún no había recibido la respuesta del ministro del Interior. El coche, siempre al trote lento, llegaba a la esquina de las avenidas Callao y Quintana. Se dirigían al domicilio del jefe de policía, sobre la avenida Callao. Faltaban minutos para las doce y media del mediodía.

La parábola y la bomba

En mitad de la avenida Quintana y en dirección a la esquina de avenida Callao, Simón Radowitzky vio llegar dos coches, distanciados entre sí unos diez metros. Dudó unos instantes. Esperaba en la esquina hacía unos minutos, la bomba oculta bajo su brazo derecho, ya la había sacado de la bolsa de papel madera. Lista.

Agudizó la vista y de inmediato descubrió al jefe de la policía, el blanco de los anarquistas hacía unos meses. Era el coche de adelante. El de atrás estaba ocupado sólo por un chofer, José Gomes, un joven español que venía de dejar un pasajero en el cementerio de Recoleta.

Al llegar a la esquina, el italiano Ferrari tiró hacia atrás las riendas de los dos caballos para doblar en la avenida Callao y aminoró la marcha. El jefe de policía y su secretario viajaban indiferentes a las maniobras del chofer. Al doblar por la avenida Callao, Ferrari eludió la cabina de la luz eléctrica, por la derecha. Simón Radowitzky esperó a que el coche donde viajaba Ramón L. Falcón pasara delante suyo.

Con la bomba en su mano izquierda, inició una carrera corta, casi al trote, y aprovechando el andar lento del coche conducido por Ferrari se ubicó a unos metros. Desde allí, observando por la ventanita trasera la nuca desnuda del jefe de policía por debajo del sombrero, Radowitzky lanzó la bomba por encima del capote.

La parábola de la bomba finalizó con el estruendo que sacudió a toda la ciudad en aquel inolvidable domingo 14 de noviembre. El humo ocultó de inmediato los tres cuerpos. El jefe y su secretario cayeron en los adoquines de la avenida, la explosión había desfondado el piso del coche. El italiano Ferrari, mantuvo la conciencia y pudo saltar a la calle, soltando las riendas. Se quedó a un costado, aturdido y sin reaccionar. Los caballos enloquecieron, relinchaban y saltaban en dos patas sobre su posición.

Las astillas del coche se dispersaron hacia diferentes rincones. Algunas fueron a parar al coche de Gomes, que apenas pudo controlar sus caballos, sosteniéndolos de las riendas, utilizando toda su fuerza. El chofer español continuó en su asiento unos segundos más, perplejo, a salvo de la explosión.

En el momento en que descendía, Gomes vio correr a un joven de sombrero chambergo negro, saco color azul marino, por avenida Callao hacia el norte, contrario a la dirección que se conducían los coches. La corrida de Simón Radowitzky se veía aminorada por el pesado arsenal que cargaba. Se alejaba de la esquina sin mirar hacia atrás. Corría sin darse cuenta de que ya tenía a varias personas en su búsqueda.

A una cuadra del atentado, dos policías de esquina, Benigno Guzmán y Enrique Müller, salieron en busca del joven Simón. Ni las voces de alto ni las armas en mano pudieron frenarlo, les llevaba casi una cuadra de ventaja. A los policías se les sumó el chofer español, ya recuperado del estruendo. El joven anarquista dobló por la calle Alvear, en dirección a Ayacucho, huyendo pesadamente, lento.

A mitad de cuadra, entre Ayacucho y avenida Callao, Simón Radowitzky divisó una obra en construcción. Le pareció un buen refugio. Cuando se dio vuelta, advirtió las personas que lo perseguían. Confuso, acorralado, sacó el arma que tenía en el bolsillo de su saco. La imitación de Smith & Wesson.

Los policías frenaron su corrida al ver el arma en alto. Lo mismo hizo el chofer español. Radowitzky pensó en las posibilidades. Saltar al interior de la obra en construcción, continuar la huida o gastar todos los cartuchos que llevaba encima. Entregarse jamás. En una ráfaga de segundos, mientras los dos policías esperaban su reacción, Radowitzky alzó el arma, y luego de gritar "¡Viva la anarquía!" dos veces, retomó la carrera. No pudo sacar demasiadas ventajas. Los cartuchos de las balas, la otra arma, los nervios, el cansancio, no facilitaron su nueva huida. Y al trote, a metros de la obra en construcción, ante la sorpresa de sus perseguidores, se pegó un tiro en el pecho izquierdo.

El cuerpo de Simón Radowitzky quedó postrado en la vereda. Estaba vivo. Lo suficientemente lúcido para observar los rostros de los dos policías, furiosos, que se le arrimaron de inmediato. Sintió, más que el balazo, las patadas que le dieron los agentes y que lo hicieron dar vuelta, boca abajo. Después le siguieron otras patadas en las costillas, los insultos, las amenazas.

Radowitzky padecía en silencio los renovados insultos de las personas que llegaban al lugar. Dedujo que la eficacia de la parábola, la potencia de la bomba, habían terminado con el hombre duro de la policía.

La sangre derramada

El coche del jefe de la policía quedó destruido. El capote y los asientos dispersos en la calle, a metros de la cabina de la luz eléctrica. Los caballos se habían calmado y el italiano Ferrari recobrado la postura. Otra buena cantidad de personas se acercaron al lugar de la explosión para socorrer al coronel Ramón L. Falcón y a su secretario Alberto Lartigau.

Uno de los vecinos de la cuadra trajo un colchón. Alzaron con sumo cuidado al jefe de policía y allí lo ubicaron. Las piernas las tenía rotas y se estaba desangrando. "Asesinos", "asesinos", alcanzó a decir el Coronel. Pareció guardar sus últimas energías para escupir esas palabras.

Apenas se hizo presente el subcomisario de la comisaría 15ª, Mariano T. Vila, las dos víctimas fueron cargadas en una ambulancia de la Asistencia Pública. Los dos heridos ya no hablaban. Trasladaron primero a Lartigau al sanatorio Castro, en Callao al 600, a unas once cuadras. Se encontraba completamente inconsciente. Su cuerpo no respondía a los sacudones de la ambulancia. Al jefe de la policía lo llevaron al hospital San Roque. A pesar de que ya no hablaba, permaneció con los ojos abiertos y se seguía desangrando. Y se notó aun más cuando la ambulancia se alejó del lugar y quedó el charco hondo y extenso de sangre al borde la vereda.

El subcomisario Mariano T. Vila pensó lo peor. Aún le tocaba otra misión. Ver el estado del vindicador, a unas cuadras del lugar.

Simón Radowitzky permanecía tirado en la vereda de la calle Alvear, sangrando en su pecho izquierdo, custodiado por los policías Müller y Guzmán y otros tantos vecinos. Las personas que lo rodeaban se hicieron a un lado al ver al subcomisario Vila. La máxima autoridad de la comisaría 15ª observó al joven tirado e hizo una pesquisa breve por los alrededores del cuerpo. Solo encontró la imitación de la Smith & Wesson a un costado. Ordenó entonces que lo dieran vuelta, que le iniciaran un breve interrogatorio para conocer algo más de él. El agente Guzmán tomó la iniciativa. Lo sujetó de los hombros y lo dio vuelta, con mayor cautela que las patadas que le supo dar en las entrañas. Boca arriba, se le vio la herida en el pecho izquierdo. Una mancha roja cubría un ángulo del saco azul, llegando hasta el extremo de su corbata verde. Los dos policías, en cuclillas, de cara al vindicador, le hicieron una serie de preguntas a las que no respondió. No quiso dar ni su nombre, ni su edad, ni su ciudad de origen. Alguien, a las espaldas de los agentes, advirtió que era "ruso", "un anarquista violento", acotó.

El subcomisario comenzó a revisar sus ropas. Al abrir el saco encontró el cinturón con los cartuchos de las balas, sujeto alrededor de su pantalón, y la pistola máuser. En los bolsillos internos del saco descubrió otra parte de su arsenal: los cargadores con siete balas cada uno.

La sangre que Simón Radowitzky perdía por su pecho izquierdo inquietó al subcomisario Vila. Cargaron el cuerpo del joven anarquista en un coche estacionado al costado, conducido por uno de los tantos curiosos que llegaron hasta el lugar. El subcomisario ordenó que lo trasladaran al hospital Fernández, a unas treinta cuadras.

Los policías Guzmán y Müller alzaron a Radowitzky, uno por cada brazo. No se resistió. Sin embargo, antes de subirlo al coche y emprender el camino al hospital, el joven anarquista echó una mirada cínica a los dos policías primero, y luego al subcomisario. Tenía algo pendiente. Y en su castellano duro les advirtió:

–Hay una bomba destinada a cada uno de ustedes.

Simón Radowitzky escuchó la réplica de uno de los policías, "lo que te espera". No se inmutó. Viajaba indiferente, seguro, a pesar de que los policías, ya arriba del coche y camino al hospital, insistían, "lo que te espera", "no sabes lo que te espera".

La pensión de los rusos

A los dieciséis años, había llegado a Buenos Aires en la primera quincena de marzo de 1908. Venía de Kiev, donde conoció la cárcel y los sables de la policía rusa. Todo por sus ideas anarquistas. Simón Radowitzky era, como se decía en la época, peón de siete oficios. A los trabajos se presentaba, en su difícil castellano, como oficial herrero. Así pasó por los talleres del ferrocarril Central Argentino, en la ciudad de Campana, durante seis meses. También probó suerte en Rosario. Y luego volvió a Buenos Aires, recorrió otros tantos trabajos, hasta recalar en los talleres de Zamboni, en agosto de 1909.

Desde el 1º de mayo de 1909, en el acto anarquista por el día internacional del trabajador, luego de ver cómo la policía, apostada en los bordes de la plaza Lorea, disparaba a mansalva sobre la muchedumbre, su estadía en Buenos Aires tenía un objetivo claro. Vengar la muerte de sus compañeros. Había cinco motivos. Miguel Bosch, cigarrero, español de 72 años. José Silva, empleado de una tienda, español de 24 años. Manuel Fernández, español de 36 años. Juan Semino, argentino de 19 años. Y Luis Pantaleone, italiano de 25 años. Todos anarquistas. Todos asesinados en Plaza Lorea.

El responsable de las cinco muertes tenía nombre y apellido.

El miércoles 18 de agosto de 1909, Simón Radowitzky ingresó a trabajar a los talleres de José Juan Zamboni, en la calle Charcas al 1300. Llegó recomendado por Basilio Kurundiriv, ruso y también oriundo de Kiev, uno de los pocos con quien estableció una suerte de amistad desde sus primeros días en Buenos Aires. Pedro Rossi, el capataz, un argentino de 38 años, lo ubicó en la sección "herrería", respetando el oficio al que dijo dedicarse. Se cobraba por quincena y los feriados, si era necesario, se trabajaba, le advirtieron sin sutilezas. En el taller había italianos, españoles, algunos belgas y unos pocos argentinos. El taller ocupaba media manzana de un barrio de casas sencillas, a unas cuadras del arroyo Maldonado, un límite importante en la ciudad.

Simón Radowitzky se presentaba como Simón entre sus compañeros. El único que recordaba su apellido, aunque mal pronunciado, era Enrique Cazzani, el portero de los talleres Zamboni, un italiano de 57 años con más de cuatro décadas en el país, el mismo que registraba la entrada y salida de cada uno de los operarios. Simón cumplía su trabajo con suma responsabilidad. Llegaba puntual, respetaba la pausa establecida por el capataz Rossi, y las veces que le dijeron de trabajar fuera de su horario, no se quejó. Conocía las reglas del capitalismo, capitalismo periférico pero capitalismo al fin.

El joven Simón concurría a una biblioteca anarquista de la calle Andes y Lavalle, donde se combinaban actividades intelectuales y artísticas con intensas charlas políticas. Si bien no hablaba el castellano con claridad, rápidamente aprendió a leer y escribir en español. Y fue en esa biblioteca donde se enteró de "la pensión de los rusos". Le pasaron la dirección, Andes 394, y de inmediato dispuso la mudanza. Ubicó todas sus pertenencias en dos baúles de madera, en el rincón de una de las piezas. Era octubre de 1909. Apenas un mes habitó la pensión.

Gorki y Víctor Hugo

Sus compañeros de pensión trabajaban en una compañía alemana de electricidad, en Dock Sud, del otro lado del Riachuelo. Los veía de noche, durante la cena, o los domingos, cuando almorzaban todos juntos en la fonda "Borges", en la esquina de Lavalle y Corrientes, donde se comía abundante y a buen precio. Basilio Turiguin, un ruso de 20 años, era uno de los pocos con quien Simón gustaba hablar con soltura, compartir sus lecturas o jugar largas partidas de dominó. Basilio también trabajaba en la empresa de Dock Sud y había llegado al país hacía más de cuatro años.

Una vez que terminaba su jornada laboral, Simón Radowitzky visitaba la biblioteca para retirar un libro nuevo o bien para discutir de política con otros anarquistas, obsesivos lectores y muchos de ellos con una vasta experiencia militante en otras ciudades. Radowitzky disfrutaba, en silencio, de esas charlas mientras en su lista de autores pendientes se incorporaba un nuevo nombre. Aunque desde hacía unos meses, las charlas y actividades solían interrumpirse por las violentas pesquisas de la policía. Persecuciones que, al aproximarse los festejos del Centenario, se volvieron rutina de Estado.

Por esos días, dos escritores ocupaban la lectura del joven Simón: Víctor Hugo y Máximo Gorki. Se lo podía ver en el patio de la pensión, bajo una palmera que daba sombra, leyendo durante horas.

En los primeros días de noviembre, Simón Radowitzky compró los materiales para armar la bomba. Primero, suficiente cantidad de dinamita. Conocía el caso de Solano Regis y por eso debía evitar tamaño error. Los anarquistas rusos, además de facilitarle un bagaje intelectual único, también le enseñaron los procedimientos caseros para diseñar bombas.

La vindicación, desde el inicio, fue pensada en soledad, sin ayuda ni comentarios a otros anarquistas. Ni a los rusos de la pensión ni a los de la biblioteca y menos a sus compañeros de trabajo. Los elementos para el armado de la bomba los ocultaba en el fondo de uno de los baúles de la pensión. El joven Simón, por su parte, se entregaba a la lectura. Luego de que en su última visita la encontrará clausurada por la policía, dejó de concurrir a la biblioteca. En su trabajo, no hubo alteraciones. En el taller, Simón Radowitzky ocupaba un rincón solitario y con el mayor de los disimulos, fue rescatando pedazos de metales para la bomba. Lo necesario para cubrir la combinación de la dinamita, darle el peso justo y lanzarla a una distancia posible.

En tres días, en tres tardes, en los ratos previos a culminar su jornada laboral, terminó de armar la bomba. Y de inmediato renunció al trabajo. No debía dejar rastros antes de la vindicación. El viernes 5 de noviembre se presentó a la oficina de los talleres y anunció la renuncia. Sin explicaciones. El personal administrativo tampoco se las pidió. Sólo le advirtieron que pasara el lunes 8 a cobrar los días adeudados de la quincena.

Ese fin de semana transcurrió sin importancia para Simón Radowitzky. Faltaba una semana para encontrarse, cara a cara, con el jefe de policía. Su víctima. Una semana para convertirse en el célebre vindicador del anarquismo argentino.

Hombre de armas tomar

La batalla de Santa Rosa, librada en Mendoza, en diciembre de 1874, fue una de las tantas donde el gobierno nacional buscó disciplinar a los sectores opuestos al modelo oligárquico. Bajo las órdenes del Coronel Paz, leal al presidente Nicolás Avellaneda, Ramón Lorenzo Falcón combatió como alférez de infantería, flamante egresado de la escuela militar. Se trató de su bautismo de fuego. Aún no había cumplido 16 años.

Ramón L. Falcón continuó en el ejército en tareas menos riesgosas que aquella batalla. A principios de 1880, el ejército nacional se disponía a luchar contra las tropas rebeldes del gobernador de Buenos Aires, Carlos Tejedor. El Estado provincial no estaba dispuesto a ceder una porción importante de su territorio a la Nación y menos aún las recaudaciones del puerto más importante del país. El presidente Nicolás Avellaneda, en sus últimos meses de mandato, lograría la federalización de la Capital Federal a cualquier precio.

El conflicto terminó con la batalla de Puente Alsina. El 22 junio de 1880, día y noche combatieron ambos ejércitos, dejando como resultado 500 muertos, a los que habría que sumarles las bajas de la batalla de Barracas, librada dos días antes. También en esas batallas participó Ramón L. Falcón. Su reputación en el ejército era indiscutible, defendiendo hasta la muerte el proyecto liberal de la patria agroexportadora.

En 1893 ocupó una banca en el senado de la provincia de Buenos Aires. Sin embargo, un nuevo levantamiento armado en la provincia obligó a suspender sus funciones como legislador para tomar nuevamente las armas. Se trataba de una rebelión convocada por el Ministro Del Valle. Otra vez, ponía el cuerpo para que el proyecto oligárquico continuara sobre rieles. Y en mayo de 1894, con las instituciones en armonía, volvió a su banca de senador. Lejos había quedado aquel cadete egresado de la escuela militar que empuñaba por primera vez un fusil en pos del proyecto nacional. Su nombre evocaba el mayor de los respetos.

En La Plata, joven ciudad nombrada capital de la provincia de Buenos Aires en 1882, se dedicó a intensas actividades sociales. En junio de 1887, integró el comité fundador del club Gimnasia y Esgrima. El diario de la ciudad, *El Día,* cambiaba de dueños por tercera vez desde su fundación, en marzo de 1884, y Ramón L. Falcón se sumaba al nuevo cuerpo de accionistas.

Con su reputación para amedrentar rebeldes y ostentando su prestigio, Ramón L. Falcón optó por costumbres que interrumpía sólo por casos excepcionales. Así se nombró un mateador personal, es decir, una persona que lo acompañaba en cada una de sus tareas tan sólo para cebarle mate, caliente y amargo.

Hacia fines de la década de 1890 Ramón L. Falcón participó activamente en la campaña por la candidatura a gobernador de Bernardo de Irigoyen. Al terminar su mandato como senador, fue elegido diputado nacional por la provincia de Buenos Aires. Sin embargo, la derrota de Irigoyen lo enemistó con la clase política de la provincia y decidió emprender un viaje por Europa, en una suerte de ostracismo político.

En su viaje comprobó que los gobiernos de Europa, de economías avanzadas e industrias bélicas inéditas, padecían del anarquismo, un movimiento con fuerte arraigue en los trabajadores. En el regreso lo esperaba un ascenso, una nueva función militar, y un nuevo mateador. Regresó a pedido de amigos, o mejor dicho, apresuró su vuelta. A los días de ponerse al frente del batallón 13 de infantería, fue ascendido a Coronel.

A mediados de 1906, fallecía, repentinamente, el Coronel Domínguez, jefe de la policía de la Capital Federal. Luego de unos días, el flamante presidente de la República Argentina, José Figueroa Alcorta convocó a Ramón L. Falcón a la Casa Rosada para ofrecerle el cargo vacante. El más alto que podía alcanzar un policía.

Al poco tiempo de asumir, Ramón L. Falcón armó un grupo de policías selectos para recorrer las calles porteñas durante actos y huelgas que perturbaran el orden de la ciudad. La idea era amedrentar, con la presencia cotidiana de la policía, la actividad anarquista, un mal a erradicar.

El jefe de la policía eligió un perfil propio para ganar las calles, siempre custodiado por su tropa. Unos bigotes finos que cubrían la parte superior de los labios, sus manos colgadas en los bolsillos delanteros del saco, unos anteojos redondos algo más grandes que el tamaño de sus ojos, la ropa pulcra, negra, los zapatos lustrados. Y el bastón de madera, a su derecha, el mismo que con un movimiento ordenaba el inicio de las acciones represivas. Un gesto único, firme, fatal.

Inquilinos en huelga

En el conventillo de Ituzaingó 279, en el barrio de Barracas, a fines de agosto de 1907 se inició una protesta inusual: una huelga de inquilinos. El motivo lo generó un nuevo aumento de alquileres. Los huelguistas exigían una rebaja del treinta por ciento del precio, mejoras en las condiciones de vida y evitar los tres meses de depósito.

En los primeros años de siglo XX, sólo en Buenos Aires había casi 2500 conventillos, donde vivían unas 140 mil personas, de los casi un millón de habitantes de la ciudad. Los conventillos se convirtieron, por excelencia, en la vivienda de los obreros.

Los anarquistas organizaron y lideraron la protesta. El socialismo, por su parte, se negó a apoyarlos ya que los consumidores no debían liderar protestas y proponía, como alternativa, las viviendas obreras promovidas por ellos mismos. Hacia mediados de septiembre, la huelga involucraba a casi todos los conventillos de Buenos Aires, concentrados en los barrios de Balvanera, San Telmo y Barracas. Incluso el movimiento llegó hasta Rosario. Y se convirtió en tema de agenda del gobierno nacional.

El Coronel Ramón L. Falcón, seleccionando los hombres que ganarían las calles de Buenos Aires, esperaba la orden del Estado Nacional. A los días de la huelga, advirtió una situación a resolver: en los conventillos vivían muchos policías. De inmediato, difundió una circular, que llevaba su firma, donde anunciaba que cualquier policía que se sumara a la protesta sería expulsado de la fuerza.

A pesar de la disposición del jefe de la policía, en el Estado no se llegaba a un acuerdo. El intendente de Buenos Aires, Carlos Torcuato de Alvear, pidió al Ministerio del Interior la eliminación de los impuestos para abaratar los alquileres, y al Ministerio de Justicia la suspensión de los juicios de desalojo. Nada de lo que pidió el intendente se concedió.

El gobierno nacional, dando lugar a las demandas de los propietarios, ordenó los desalojos y sobre todo, la desarticulación del movimiento huelguista.

A fines de septiembre, comenzaron los primeros desalojos, al principio, en el barrio de Barracas. Luego de las trifulcas, de los gritos de mujeres y niños, del intercambio de golpes entre los hombres y los agentes, aparecía la figura espigada y pulcra de Ramón L. Falcón, observando las habitaciones vacías, las secuelas de las refriegas, la misión cumplida. Victorioso, el Coronel inspeccionaba el campo de batalla.

Los desalojos continuaron hasta fines de 1907, con la violencia necesaria para cumplir el objetivo. Y la resistencia y solidaridad de los anarquistas. La FORA dispuso todos sus sindicatos en apoyo de los huelguistas. Los cocheros, por ejemplo, prestaban sus móviles para trasladar a los obreros expulsados. Los canillitas hacían de campana en las esquinas, mientras vendían la prensa, avisando la llegada de los hombres de Falcón.

El conventillo de la calle Ituzaingó se convirtió en el foco de resistencia, en luchas entre los agentes de la policía y los inquilinos. Sin embargo, fue en el conventillo de la calle Perú al 900 donde se desató el mayor hecho de violencia. Luego de varias intentonas por expulsar a los huelguistas, una mañana, a fines de octubre de 1907, se apostaron frente a la puerta un grupo de policías muy bien armados y un contingente de cuarenta bomberos con mangueras. La pelea, desigual en hombres y armas, continuó por las calles de Buenos Aires, desarticulando el tránsito. En la esquina de San Juan y Perú cayó asesinado Miguel Pepe, de un balazo en la frente, un obrero baulero de 18 años.

El movimiento logró desarticularse y a principios de 1908 el gobierno nacional echó mano a la Ley de Residencia. Una decena de huelguistas anarquistas fueron deportados. Se expulsaba, según los argumentos del oficialismo, a "elementos peligrosos para la tranquilidad y la paz del país". Ramón L. Falcón había ganado una pulseada estratégica al movimiento anarquista. El gobierno, satisfecho, exponía honroso al jefe de la policía, garante imprescindible de los festejos del Centenario. La respuesta ácrata no demoró y entonces apareció Francisco Solano Regis y el atentado al presidente Figueroa Alcorta. Tampoco demoró otro gesto represivo del Estado.

El 1º de mayo de 1909

La Plaza Lorea, en la esquina de avenida Rivadavia y Saénz Peña, a metros del Congreso, edificio inaugurado en 1906, comenzó a tiznarse de colores anarquistas desde las ocho de la mañana en otro 1º de mayo. La organización, ese año 1909, le tocaba al sindicato de panaderos, integrado en su mayoría por españoles. Levantaron un escenario de baja altura custodiado por banderas negras y rojas.

Cerca de las once del mediodía comenzaron a llegar las primeras columnas, divididas por sindicatos y por barrios. El inicio del acto estaba previsto a las doce. Se trataba de actos largos y multitudinarios, de discursos prolongados y en diferentes idiomas, incluyendo, en algunos casos, obras de teatro y lectura de poemas. Para el acto, se había elaborado una lista de los presos anarquistas. Y otra con los deportados por la Ley de Residencia. Al finalizar el acto se leerían ambas listas, incluyendo una acusación al Estado argentino.

Las tropas de la policía llegaron a la plaza cerca de las once y media. Como siempre, merodearon los bordes de la plaza, en un paseo inquisidor que se llevó los mejores insultos y una silbatina prolongada. Y detrás de todos ellos, observando, con el bastón de mando, el Coronel Falcón. Para la multitud no fue sorpresa la visita. Cada acto anarquista acarreaba la presencia policial, a modo de control, a modo de provocación.

En momentos en que una columna ingresó por Triunvirato y Río de Janeiro, los hombres de Ramón L. Falcón se movilizaron para detener a algunos de sus integrantes. El hombre buscado era José Maza, español, dirigente que ya había conocido la cárcel. El objetivo del procedimiento, la provocación. En minutos, los militantes que esperaban en la plaza se sumaron a la refriega, intentado impedir las detenciones.

El escenario había quedado listo, tal como deseaba el Coronel. Y entonces, bajó su bastón, firme, y la policía, apostada a cierta distancia, comenzó a disparar a mansalva. Eran armas de fuego. De inmediato llegaron refuerzos de infantería, a caballo y también con armas de fuego. Hubo quienes resistieron a pedradas, y otros, la mayoría, emprendieron la fuga por las calles aledañas, huidizos ante las balas que parecían multiplicarse. Sabían de la provocación, de la saña del jefe de la policía con los anarquistas. Otra masacre. En este caso, cinco muertos y 44 heridos. Ese día, Simón Radowitzky había salido ileso de plaza Lorea.

El jefe de policía, luego de que las fuerzas políticas opositoras y algunos diputados tímidos pidieran la renuncia, continuó en su cargo. El intendente de Buenos Aires, el ingeniero José Manuel Güiraldes, no sólo lo ratificó en su cargo sino que lo felicitó por el operativo. El Coronel Ramón L. Falcón no sabía de límites. Se sentía, sin dudas, el garante de los festejos del Centenario de la patria.

Ramón L. Falcón pasó a ser el blanco de la prensa ácrata. Lo citaban una y otra vez. Lo retrataban a caballo, con los bigotes delgados y la mirada cínica, el bastón a su derecha, persiguiendo a anarquistas por las calles de la ciudad.

Simón de gira mundial

En 1911, Simón Radowitzky había cumplido dos años y unos meses en la Prisión Nacional de la calle Las Heras. Ese año, el día de los Reyes Magos, tuvo la oportunidad de la fuga, pero desistió. Y fue ese mismo año que quiso escapar, en noviembre y del penal de Ushuaia. Le gustaban los desafíos al joven Simón. El 7 de noviembre, en un plan organizado por anarquistas chilenos y argentinos, entre los que estaba Miguel Arcángel Roscigna, logró fugarse del penal.

Roscigna, gran artífice de la fuga, se había infiltrado como un guardiacárcel y eso facilitó la tarea.

La astucia de los ácratas no pudo con la geografía del sur del continente. Si bien había logrado escapar, le costaba moverse con facilidad. A punto de llegar a Punta Arenas, en territorio chileno, Radowitzky fue interceptado por un barco de la armada de ese país, alertado por las autoridades de la prisión. Semanas después de su fuga, volvía a la celda. La condena de las autoridades del penal fue proporcional a la idolatría que cautivó entre el resto de los presos, entre el respeto y la admiración, tanto que algunos lo llamaron "El santo anarquista". Cada 14 de noviembre le aplicaban una serie de tormentos, como recordatorio del atentado a Falcón. Y por otra parte, se volvió una figura requerida por la prensa, tanto que fueron varios los periodistas que viajaban al penal por una entrevista.

El presidente Hipólito Yrigoyen le prometió el indulto y cumplió, 14 años después de su promesa pero cumplió. El 14 de abril de 1930 Simón Radowitzky salía en libertad pero debía irse del país. El lugar elegido fue Montevideo, despojado de pertenencias hasta incluso de documentación. La señora de Natalio Botana, Salvadora Onrubia, anarquista y poeta, lo ayudó desde Buenos Aires.

Hombre inquieto, como buen anarquista, apenas estalló la Guerra Civil Española se sumó a las brigadas internacionales. Combatió en el frente de Aragón hasta que su salud se lo permitió. Los años en las cárceles argentinas, en breve tiempo le pasaron factura. Entonces cambió de rol pero no mermó su compromiso. En Valencia se dedicó a actividades culturales, siempre por la causa republicana. Con el triunfo franquista, se escapó a Francia, donde tampoco lo esperaban días sencillos. Años después, fue detenido en el campo de Saint Cyprien, su condición de ruso y de judío no resultaba recomendable en una Europa donde avanzaba el nazismo.

México fue el país donde pudo asentarse y vivir sin la necesidad de huidas y menos aún de detenciones. El poeta Ángel Falco, amigo personal de Radowitzky, le facilitó un empleo en la embajada de ese país. En los últimos años trabajó en una fábrica de juguetes. Murió de un ataque cardíaco el 4 de marzo de 1956, a los 64 años. A pesar que se hacía llamar Raúl Gómez Saavedra, en breve se supo que se trataba de Simón Radowitzky, que casi cinco décadas atrás había asesinado al jefe de policía más odiado por las clases populares.

Capítulo IV

Una bomba para dos butacas vacías

Buenos Aires, donde los miles que usufructúan el lujo y los cientos de miles obligados a usufructuar la indigencia, se mezclan unos a otros en la democracia de las calles –la única democracia de estas latitudes–, se aprietan y se frotan, cargándose de una electricidad de venganza.

Rafael Barrett

La carta inconclusa

Vestida con el estilo del barroco francés, la soprano Rosina Storchio apareció en medio del escenario del Teatro Colón, minutos después de las 21 horas. Daba comienzo a la función de *Manon,* de Julet Massenet, a cargo de la Gran Compañía Lírica Italiana. El otro protagonista, el tenor Giuseppe Anselmi, una de las estrellas de la ópera de esos años, interpretaba a Des Grieux. Era el domingo 26 de junio 1910, uno más de los ostentosos actos por el centenario de la Revolución de Mayo. El Teatro Colón, inaugurado dos años antes, se veía repleto, o casi repleto.

A comienzo del segundo acto, los dos protagonistas de la ópera atraparon la atención del público leyendo una carta de Des Grieux, uno de los pretendientes de Manón, a su padre. El teatro en su totalidad a oscuras, salvo el escenario con los dos protagonistas. En plena lectura, justo a las 21:50 de la noche, una bomba estalló en mitad de la fila 14, en el espacio de dos butacas, las número 422 y 424. El impacto invirtió la atención y entonces, los actores orientaron sus miradas a esa parte del público. Un mar revuelto de personas buscaban con desesperación las puertas de salida, saltando butacas y olvidándose sus pertenencias. Los gritos de desesperación habían reemplazado las pulcras voces de la compañía italiana. El bullicio desalineaba los vestidos y trajes pensados para la ocasión. Y con el temblor de la inmensa araña, en la parte superior de la sala, parecía desvanecerse el teatro en su totalidad.

El propio Giuseppe Anselmi bajó del escenario a socorrer a las víctimas, en medio de la humareda y las esquirlas que había dejado la bomba. Otros tantos también se dispusieron a ayudar. Los heridos eran trasladados a los camarines para darles una primera atención. Los más graves fueron asistidos por los tres médicos presentes en el público, los señores Enrique Klappenbach, Pedro Caride Massini y Pablo B. Oscamou.

En medio de la agitación, las autoridades del Teatro se acercaron a los músicos y le pidieron al director de la obra, Edoardo Vitale, que interpretaran el himno nacional para calmar los ánimos. Pero surgió un problema, ninguno de los músicos conocía la partitura.

La hija del caudillo

"Muchos caballeros huyen hacia la calle. Cada fiera se sale de su bosque. Es inútil que varios señores afronten el peligro con heroicidad. La tromba empuja, salta, pisotea... Una dama, ensangrentada, levanta los brazos como si quisiera contener con una flor el derrumbe del miedo. Lanza un grito sonoro:

–¡Coraje, compatriotas!", escribía el cronista Soiza Reilly, el 18 de junio de 1932 en la revista *Caras y Caretas*, recordando el atentado en el Teatro Colón. La dama ensangrentada, convocando a tamaña épica, se llamaba Dolores Urquiza Costa, de 57 años, ubicada en el palco. Era la hija de Justo José de Urquiza, el caudillo entrerriano, herida por un trozo de madera producto del impacto de la bomba. Una de las tres mujeres heridas. Una de las tantas hijas de Urquiza.

Los otros heridos fueron seis hombres y una niña de once años con lastimaduras en su rostro, ubicada unas filas delante del lugar donde estalló la bomba. Fausto Roberts, de 29 años, tenía las piernas destrozadas, a tal punto que luego debieron apuntarlas. Los heridos, en total, resultaron diez. Sobre la calle Cerrito se hicieron presentes cinco ambulancias de La Asistencia Pública, con la tarea de trasladar, como prioridad, a los heridos más graves.

Detrás de las ambulancias, llegaron los refuerzos policiales que, atentos al rumor, se dirigieron al sector "Paraíso" para bloquear la salida. Quince minutos después de la explosión, el Teatro Colón había quedado desalojado, salvo ese sector, donde la policía continuó con la requisa media hora más. En total, quedaron cien detenidos, todos presentes en el "Paraíso", y más de cuarenta debieron pasar la noche en la comisaría.

La noticia había circulado en algunos rincones de la ciudad y por eso, cerca de las diez y media, una multitud se agolpó en las puertas del teatro, además de las personas que habían concurrido al espectáculo, sanos y salvos. A cuadras, en el Teatro Ópera se estaba representando *Mefistófeles,* pero al llegar la noticia, suspendieron la función. Los músicos entonaron el Himno Nacional, mientras los presentes abandonaban la sala. En otros teatros porteños también se suspendieron las funciones, lo que permitió una procesión masiva hacia las puertas del Colón.

Las dos butacas donde estalló la bomba pertenecían a Jorge Arroyo y al diputado provincial César Ameghino, ambos ausentes en la función. Aunque un rumor que corrió días después, decía que uno de ellos estaba acompañado de su novia en uno de los sectores más altos del teatro. Y si algo caracterizó al atentado fue la facilidad con que brotaron los rumores, algunos auténticas ficciones de la misma policía ante su propio desconcierto.

En esos minutos de desesperación, la prioridad fue salir de la sala y llegar a la calle. Por eso, en el apuro buena parte del público abandonó sus pertenencias, en los pasillos y en las butacas. Al otro día, en la Comisaría 3ª un tendal de abrigos, sombreros, alhajas, pieles, tapados, bomboneras, gemelos, abanicos y otros objetos esperaban a sus propietarios. Las pertenencias denotaban la clase social que solía concurrir por esos años al Teatro Colón, y también a quiénes estaban dirigidos los festejos del Centenario.

La Guardia Cívica

El año 1910 comenzaba con las expectativas puestas en un hecho único en el mundo: el paso del cometa Halley. El 19 de mayo de ese año se pudo ver desde el planeta Tierra y así como generó los más diversos relatos e imaginaciones, también provocó una ola de suicidios en el mundo. En ese mismo mes, Argentina se preparaba para un festejo excepcional, tal como el mundo esperaba el paso del cometa: los festejos de los cien años de la Revolución de Mayo.

La clase política oficial atravesaba una realidad de conflictos internos, a pesar que a todos ellos los unía el deseo de unos festejos sin sobresaltos. La figura omnipotente de Roca ya no manejaba los hilos a su antojo. El presidente Figueroa Alcorta le había hecho un menudo favor a Roque Sáenz Peña, quien asumiría en octubre de 1910, al decretar la amnistía para los rebeldes de la revolución radical de 1905. Por lo tanto, Sáenz Peña tenía el terreno allanado para la reforma electoral. Todas estrategias que molestaban a Roca. El sector conservador se intuía movedizo.

Lo que no había intención alguna de modificar era el modelo agroexportador. La inserción de Argentina en el mercado mundial y las estrechas relaciones con Gran Bretaña eran motivos suficientes para festejar. Así se preparaba para los festejos esa clase política, garantía absoluta de terratenientes y grandes comerciantes que acumulaban dividendos año a año.

Una comisión de las damas distinguidas de la sociedad, con el aval del gobierno, organizó las instituciones participantes en los eventos, dividiendo con suma prolijidad los roles de cada una. Las calles porteñas se decoraron para recibir a las visitas y a los correspondientes desfiles. El nombre "Centenario" desbordó las calles, las publicaciones gráficas y las marcas comerciales. Los cigarrillos, las bebidas y los principales comercios lo incluían en los últimos lanzamientos. Incluso se compuso un tango instrumental con ese nombre.

Varios mandatarios y altos funcionarios de los países latinoamericanos se hicieron presentes en cada uno de los eventos. Uno de los más destacados fue el presidente de Chile, Pedro Montt, un gesto que limaba asperezas luego de un conflicto territorial entre ambos países, en 1881. La figura descollante sería la Infanta Isabel de Borbón, hermana del rey de España, Alfonso XIII. Ese país también envió una delegación de intelectuales encabezado por Ramón Valle de Inclán y el novelista Vicente Blasco Ibáñez.

Si bien los beneficiarios del modelo agroexportador conservaban las riendas del poder político, los costos se iban acumulando. El decreto del estado de sitio formaba parte de la vida política y las manifestaciones obreras eran una rutina en las calles de las grandes ciudades. Y el gobierno conservador había tomado nota. El jefe de policía, el teniente Luis Dellepiane era el responsable de garantizar los festejos. A principios de ese año se había creado el "Cuerpo de Policías del Centenario", a pedido del propio Dellepiane, ante la escasez de efectivos. Los integrantes de ese cuerpo contaban con un carnet especial por el evento. Por su cuenta, varios jóvenes de familias pudientes formaron "La Guardia Cívica". Los pulcros estudiantes solicitaron el hall del diario *La Prensa* para reunirse y definir la organización, todos reunidos e interesados en que nada empañara los festejos de 1910.

El gris del ayer

Hacia 1910, varias compañías de circo pidieron autorización al gobierno de la ciudad de Buenos Aires para levantar carpas en terrenos baldíos, una manera de aprovechar el clima festivo del Centenario. Sin embargo, el intendente Manuel José Güiraldes negó las autorizaciones, por "el mal olor" que despedían los animales, algo que posiblemente podía molestar a la Infanta Isabel de Borbón. Las compañías debieron conformarse con dar sus funciones en las afueras de la ciudad. Una de los pocos circos que se animaró a levantar la carpa en pleno centro porteño fue la compañía del inglés Frank Brown.

La carpa se levantó en un baldío de la esquina de Florida y Paraguay. Se trataba de una de las compañías más populares de esos años, con ochenta artistas en escena. El 4 de mayo de 1910, en la oscuridad impune de la noche, quemaron la carpa. El jueves 5 de mayo, el diario *La Nación* anunciaba que un grupo de jóvenes había sido el responsable de ese "acto de justicia popular". Un grupo de jóvenes que luego continuaron por las calles porteñas vivando por la patria, incluso varios de ellos frenaron a los bomberos cuando llegaron para apagar las llamas.

Para el diario de los Mitre, el circo estaba "destinado a dar a ese ángulo de la más aristocrática de nuestras calles un aspecto de aldea, de mísera aldea". Un circo popular y con público de bajos recursos desafiaba los cánones estéticos del Centenario. La editorial de *La Nación*, con una pulcritud irreprochable, "no aplaudía" el hecho e incluso se alegraba de que no haya habido víctimas. "¡Ay muchachos!, siempre hay un cataclismo probable en sus travesuras mejor inspiradas", decía el diario.

Las travesuras de los niños ricos de Buenos Aires, que ya habían volado quioscos en la avenida de Mayo, las pagaría la Municipalidad de Buenos Aires, con cincuenta mil pesos para la compañía de Frank Brown. Una renta que eludía acusar a los responsables.

Por su parte, el movimiento obrero hacía notar las flaquezas del modelo, más allá de sus diferencias internas. Las huelgas y manifestaciones se multiplicaban, desafiando al estado de sitio. El 8 de mayo de 1910, 17 días antes de los festejos, la FORA organizó una manifestación obrera, que comenzó a las dos de la tarde en plaza Lavalle y culminó en plaza Colón, con discursos en francés y en ruso, apto para todo público. Más de sesenta mil obreros se reunieron para pedir la derogación de la Ley de Residencia, la liberación de los presos por causas sociales y la amnistía para los desertores del enrolamiento militar. En caso que no hubiese respuestas, amenazaron con una huelga para el 18 de ese mes. Un auténtico desafío al espíritu festivo oficial.

La reacción del gobierno de Figueroa Alcorta no se hizo esperar y el diputado Manuel Carlés envío un pedido para declarar un nuevo estado de sitio, para el 14 de mayo. Un día antes del decreto, comenzó la réplica policial. A cargo del comisario inspector José Luis Vieyra, se produjeron detenciones de dirigentes y líderes "huelguistas", término que usaba la prensa para informar la noticia. El saldo de esa jornada fue más de sesenta presos, que desbordaron los calabozos. Y como los calabozos resultaron insuficientes, la policía alquiló un galpón inmenso para encerrarlos. A la par, se destruyeron los locales de los periódicos anarquistas *La Protesta* y *La Batalla*, y las publicaciones socialistas como *La Vanguardia* y *Acción Socialista*, se allanaron librerías, cafés, sindicatos, prostíbulos y casas de residentes rusos. Los barrios más combativos sufrieron la visita de la policía y de los niños bien que aportaban su propia violencia para mantener el orden.

También los lugares de reuniones de judíos padecieron la agresión oficial, irrumpiendo en bares y golpeando a mujeres y hombres. Aprovechando la Ley de Residencia, se deportaron un centenar de militantes y dirigentes. Uno de ellos, José González Castillo, quien eligió Chile, hasta que se apaciguaron las aguas y regresó al país. Don José, dramaturgo y militante anarquista, había querido inscribir a su hijo con el nombre de Descanso Dominical. Su hijo finalmente trascendió como Cátulo Castillo, autor de "Tinta roja" y La última curda", entre otros tantos incomparables tangos.

Tamaño despliegue del gobierno de Figueroa Alcorta evitó la huelga del 18 de mayo. Ese mismo día, llegaba la Infanta Isabel de Borbón, recibida entre agasajos oficiales y un numeroso público. La acompañaba una comitiva, entre parientes de la realeza, periodistas y otros funcionarios del gobierno.

Una semana después, con centenares de dirigentes y obreros detenidos, acallada la prensa opositora y bajo el imperante estado de sitio, comenzaron los cien años de la Revolución de Mayo.

La ley del más fuerte

Luego del atentado en el Teatro Colón, uno de los hombres más buscados por la prensa fue el jefe de policía, el Coronel Dellepiane. Se animó a vaticinar que no se trataba de un complot anarquista sino de un atentado individual, perpetrado por una sola persona. Y de inmediato, ofreció una recompensa de diez mil pesos para quien develara al responsable del atentado, que en esos años significaba el sueldo de 300 obreros. Las más de cuarenta personas detenidas la noche del atentado no habían dado precisión alguna sobre el autor.

El gobierno conservador, con el reflejo que requiere los hechos de fuerte presencia mediática, se movía al ritmo de la prensa y de ciertos sectores de la sociedad que salieron a la calle. El lunes 27 de junio una cantidad de estudiantes universitarios, embanderados con emblemas nacionales, recorrieron las calles porteñas en repudio al atentado. Otros, no más de cien personas, se dirigieron al Servicio Penitenciario Nacional para ajusticiar, por su cuenta, a los anarquistas detenidos.

La Cámara de Diputados sesionó de manera extraordinaria con la rapidez y la virulencia del Ejecutivo. Cada uno de los discursos fue de una violencia sin disimulos. De Diputados, la ley que salió aprobada incluía la pena de muerte, "sin distinción de sexo", para todo aquel que cometiera atentados del cual resultaran muertes y heridos graves. Se exceptuaban a los menores de 18 años. Manuel Carlés fue uno de los defensores de la ley, legislador verborrágico y virulento. Carlés pudo despuntar el vicio cuando creó La Liga Patriótica, en enero de 1919, experta en cazar judíos, comunistas y anarquistas. Durante la llamada Semana Trágica no hubo ley que amparase el accionar de esa organización e igual accionaron a su antojo.

Un día después de la sesión de Diputados, el 28 de junio de 1910 el Senado aprobó la ley de Defensa Social, un trámite rápido y sin demasiado debate. En un gesto de moderación, en la ley sancionada se sacó la pena de muerte. Su antecedente era la Ley de Residencia, de 1902, aunque esta nueva legislación impedía directamente el ingreso a personas con ideas anarquistas o con delitos comunes en su país de origen. Incluso penaba a los choferes o transportes que ingresaran ácratas al país. A su vez, las reuniones o manifestaciones obreras deberían tener un permiso oficial.

La nueva ley, por primera vez, explicitaba la condena a los anarquistas, sin eufemismos. El atentado los había ubicado en el blanco para ese Estado que continuaba recaudando con el modelo agroexportador. Los principales diarios se mostraban conformes con la ley de Defensa Social, esperanzados por acorralar el accionar anarquista. A su vez, informaban de los agasajos que la corte de España ofrecía al presidente electo argentino, Roque Sáenz Peña, de viaje por Europa y que asumiría el 12 de octubre de 1910.

El atentado había dejado la mitad de la fila 14 destruida y una parte de la 13. Según los peritos técnicos, la bomba no había sido de gran fuerza explosiva, construida en su mayoría por pólvora y tachuelas pequeñas. Se trataba de las típicas bombas caseras, idea y creación de los anarquistas. El 29 de junio de 1910 el Teatro Colón volvía a abrir sus puertas, tres días después de la bomba. En este caso, para la ópera *El barbero de Sevilla,* que incluía la actuación especial de Giuseppe Anselmi.

Mientras, la policía no encontraba pistas para dar con los responsables. El 13 de julio, un agente de investigaciones había descubierto rastros en la provincia de Buenos Aires. Se movilizaron hombres de la fuerza hacia ciertos rincones de la provincia, sigilosos y esperanzados. Y otra vez, sin resultados.

Para despuntar el vicio, la policía comenzó una caza de brujas contra locales, centros culturales anarquistas y redadas en los barrios obreros. Una cantidad de detenidos desfilaban por las comisarias porteñas. Se trataba de gestos represivos más que de pesquisas eficaces.

Uno de los visitantes ilustres que vino a la Argentina del Centenario fue el político francés George Clemenceau. Al llegar al país, con más de sesenta años, aún no había asumido como primer ministro de Francia ni tampoco el papel destacable durante la Primera Guerra Mundial y sobre todo en el Tratado de Versalles. Llegó a fines de julio y se interiorizó en los problemas que el Estado nacional afrontaba con los anarquistas. Se mostró cauto. De la nueva legislación, aseguró no tener opinión formada sobre una ley "terriblemente represiva y calculada en contra de todas las agrupaciones sospechosas". Si bien se encargó de usar el adverbio "terriblemente", cerró su declaración sobre la ley de Defensa Social asegurando que carecía de elementos necesarios "para apreciar los resultados". Era un experto en el tema. A principios de 1906, siendo Jefe de Gobierno francés, reformó los cuerpos de policía para reprimir con mayor eficacia a los movimientos de izquierda, creando brigadas móviles. Tiempo después, en junio de 1919, Clemenceau fue uno de los gestores del Tratado de Versalles, el acuerdo que debía sostener la paz mundial y no hizo otra cosa que agitar el odio alemán.

Tiroteos en el mercado

El día que George Clemenceau daba la conferencia en el Teatro Odeón, a unas cuadras se concretaba una serie de detenciones, que incluyeron persecuciones y tiroteos. De esa redada surgiría el responsable oficial del atentado en el Colón, ruso, anarquista y de nombre Iván Romanoff.

Un policía, de apellido Berazategui, siguió una pista algo más que confusa, e igual de confusa resultó útil para encontrar un culpable. El agente había reproducido la denuncia de una tal Marcela Molina de Alonso sobre otra mujer, María Blanco, quién había comprado una platea en el Teatro Colón para un amigo anarquista. La fecha de esa platea había sido el 26 de junio, el día del atentado. Ese anarquista, amigo de María Blanco, era un tal Salvador Denucio. Con ese dato y sin preocuparse por corroborar los rumores, más cercanos al juego del teléfono descompuesto que a una investigación seria, descubrieron que ese tal Denucio tenía un puesto de frutas en el mercado Centro América, en la esquina de las avenidas Pueyrredón y Córdoba. Nuevos datos de la policía aseguraban que un grupo de anarquistas peligrosos se reunía en ese puesto de frutas. Y así fue que la investigación pasó a centrarse en el italiano Salvador Denucio y los hombres que lo visitaban.

El miércoles 9 de agosto, pasada las seis de la tarde, el agente de policía Antonio Tallafero, acompañado por José Annós, ingresó al mercado Centro América al descubrir a uno de los hombres investigados, uno de los anarquistas peligrosos. Acompañado por dos hombres más, Annós lo tomó del brazo sin previo aviso, mientras otro de los agentes se le acercó para palparlo de armas. El sospechoso apenas escuchó una pregunta, casi al pasar:

–¿Usted es Iván Romanoff?

Iván no alcanzó a responder y dio un salto hacia atrás a la vez que sacaba una Browning de su sobretodo. Con el arma en su mano derecha disparó cuatro tiros a los dos agentes, pero no dio en el blanco, y salió corriendo por la avenida Pueyrredón hasta pararse detrás de un árbol. Desde allí, disparó nuevamente al cuerpo del agente Annós, que esta vez cayó herido. La esquina de Córdoba y Pueyrredón se vio convulsionada con los disparos de Romanoff, y así se sumaron a la persecución los agentes Vicente Garay y Luis Lucero.

Romanoff necesitó cargar otra vez el arma y se frenó para la tarea. No fue acertada la idea, ya que los agentes lo alcanzaron y de inmediato lo detuvieron. Luego de un forcejeo violento, lograron detenerlo. Uno de los hombres buscados por la policía era llevado a la comisaría 7ª, a unas cuadras del mercado Centro América. En esa dependencia, lo esperaba su amigo Salvador Denucio, detenido un rato antes, sin tiroteos ni sujeciones violentas.

El responsable del atentado en el Teatro Colón, por antojo y necesidad oficial, sería entonces Iván Romanoff, a pesar que en todo momento negó su participación. Había nacido en la ciudad rusa de Odessa y trabajaba de pintor. Con 19 años, acumulaba una serie de antecedentes suficientes para la sospecha policial. El 1° de mayo de 1909 había sido detenido en Rosario, al participar de los sucesos violentos en los festejos del Día del Trabajador. Diez días después, volvió a los calabozos por instigar a los estibadores a declarar una huelga. El 14 de mayo fue liberado y enviado a Buenos Aires.

A horas de su detención, la policía allanó la pieza que Romanoff compartía con Rosa Goilán, en la calle Bermejo al 900, encontrando material importante para culparlo. Nunca se especificó qué tipo de material se le secuestró. Según los datos rescatados por la Comisaría de Investigaciones, uno de los dos detenidos había mandado a comprar unas butacas en el Colón para el domingo 26 de junio. El otro detenido, Salvador Denucio, tenía 23 años, era soltero y oriundo de Fornia, provincia italiana de Caserta, y a pesar de las sospechas, no se le conocían antecedentes ni detenciones previas. Sus padres también eran italianos, Juan Denucio y María Cendola, dos "honrados" vecinos que vivían en Viamonte al 2700. Salvador alquilaba una pieza en la calle Soler al 1500.

La prensa, fiel a su costumbre, se predispuso a reproducir los argumentos oficiales para mantenerlos presos a Denucio y Romanoff. "Había entre ellos jóvenes románticos, de lenguas crenchas, de mirar profundo, que predicaban con su verba cálida la acción violenta, continuada, para imponer por el terror las doctrinas que profesaban: hábiles obreros, eternamente descontentos del superior, que sostenían la doctrina", con estas palabras informaba el diario *La Nación*, el miércoles 10 de agosto de 1910, el día después de las detenciones en el mercado.

Cinco mil revólveres Colt

El mismo día de la detención a Romanoff, la policía, atacada por el vicio, realizó otras pesquisas en la ciudad de Buenos Aires. En total, los detenidos fueron dos mujeres y ocho hombres. Las dos mujeres resultaron ser las amantes de los anarquistas. Según la ficha publicada por *La Nación*, Rosa Goilaur, de 19 años, era rusa, novia de Iván Romanoff y una anarquista convencida. Mientras que Marta Blanco, novia de Salvador Denucio, tenía 32 años, parecía más medida y trabajaba de cocinera en la calle Soler al 1500. También se detuvo a un peluquero del barrio del mercado Centro América, cuyo local servía de punto de reunión para los peligrosos anarquistas.

Días después, los socios del Jockey Club remitieron al jefe de policía, Luis Dellepiane, unos 700 pesos para que repartieran entre los agentes participantes en las detenciones. Los principales candidatos eran los agentes José Annós y Vicente Garay, activos en la persecución a Romanoff, por las calles porteñas. El cierre de la investigación parecía estar cerca.

Más aún cuando semanas después, a fines de agosto, se dio a conocer el nombre de un tal José Holder, inglés y mecánico, vecino de Romanoff quién había colaborado para dar con el ruso anarquista. Holder vivía en la calle Paysandú al 1000, con su esposa y sus tres hijos, que orgulloso se dio a conocer a la prensa como un fiel colaborador de la policía. El propio jefe de la institución lo premió con 150 pesos, un diploma de honor y una medalla de plata que decía "Por su cooperación decidida para aprehender a un delincuente". Un ejemplo de vecino.

De todos modos, seguían sin quedar claros los motivos iniciales de la sospecha, ya que nunca se encontró la platea comprada por los anarquistas. La policía parecía actuar a tientas y a puro prejuicio. Algo parecido ocurrió por esos días, el viernes 19 de agosto, en un espectacular incendio en la cuadra de Avenida de Mayo, entre Victoria y Perú. El incendio, que duró siete horas, destruyó la confitería "La casa de Londres" y provocó otros graves destrozos al Hotel "Chester". La policía, con los reflejos ya conocidos, de inmediato encontró culpables. Los detenidos fueron dos electricistas, un peón y dos serenos, presentes en el edificio en el momento que comenzó el accidente. El lunes 22 de agosto fueron liberados sin cargo alguno.

Dos días después de la liberación de los obreros, el jefe de policía Dellepiane elevó un informe al Ministro del Interior sobre la falta de armamento para la fuerza policial: "Los agentes de policía no están armados de un buen revólver, como les sería necesario para defenderse de las agresiones de que suelen ser víctimas y en algunos casos con consecuencias fatales". Y para legitimar su pedido, citaba la reciente detención a Iván Romanoff, cuando "un anarquista descargó su pistola de siete tiros sobre los agentes, mientras el arma de uno de éstos no daba fuego y los otros que acudieron en su auxilio carecían de revólver". El informe concluía con un pedido de cinco mil revólveres Colt para la fuerza.

Desde que había asumido, en noviembre de 1909, luego del asesinato a Ramón L. Falcón, el teniente Luis Dellepiane había gestionado todo tipo de refuerzos para la institución. Supo intercalar la jefatura de policía con la docencia en la Universidad de Buenos Aires, ya que con el título de ingeniero civil fue un destacado académico. Y a su vez, se reservaba tiempo para otros menesteres. En 1912, junto a Francisco Pascasio Moreno y Clemente Onelli, fundaron la Asociación de Boys Scouts Argentinos.

Un caballero inglés

El vecino Juan Holder pasó a ser para el gobierno, el ejemplo del buen vecino por la atenta colaboración para detener a Romanoff. Mientras el joven ruso continuaba detenido, el 6 de marzo de 1911 Holder denunció agresiones en su propia casa. Esa noche, según el relato repetido en varios medios gráficos, estaba con su familia cuando los sorprendieron unos ruidos en el jardín. Al salir, el mecánico descubrió una bomba con su mecha encendida. La reacción del inglés fue tan rápida que logró cortar la mecha con un cortaplumas y evitar su estallido. Incluso, tan rápidos fueron sus reflejos que logró correr al agresor y dispararle sin éxito.

Sus reflejos de felino le permitieron ganarse un espacio en la revista *Caras y Caretas*, en la edición del 18 de marzo. Holder, un mecánico de "gran habilidad" y "un caballero inglés", según la revista, aparecía fotografiado en el lugar del patio donde había caído la bomba. Un héroe anónimo, colaborador inesperado de los festejos del Centenario.

Meses después de ese mismo año, se había realizado el juicio a Iván Romanoff. Las irregularidades del juicio desnudaron las intenciones de culpar al joven ruso, sin mediar la duda en el proceso de la investigación. Y se evidenció esa intención con un nuevo testimonio, el de Guillermo Teodoro Escalada, espectador de la función de *Manon,* junto a sus dos hijas. Todo cambió de repente. La bomba, ahora, en la nueva versión del hecho, había sido puesta bajo la butaca N° 422 y no lanzada desde las alturas, desde el sector "Paraíso". Para eso, resultaba imprescindible sostener que Iván Romanoff había estado en el teatro, más precisamente ocupando esa butaca.

Con la destreza del mejor de los editores, el fiscal adujo que el señor Escalada vio "mucha semejanza con el sujeto en cuestión", en referencia a un hombre que se había retirado al terminar el primer acto. Es decir, Iván Romanoff había estado en la función. Suficiente para cambiar, de un momento a otro, el relato.

Sin embargo, revisando la causa en detalles, el propio Guillermo Escalada describió al ruso, el mismo que supuestamente se había retirado al terminar al primer acto, como un sujeto alto y rubio. Romanoff no era alto ni rubio. Pero lo más destacable fue que el mismo Escalada declaró que el impacto de la bomba había sido tal que no pudo advertir de dónde y quién lanzó el proyectil. "No sabe de dónde y por dónde fue arrojada", decía la causa. Su hija Susana, una de las heridas, negó saber si la bomba se ocultaba debajo la butaca N° 422, e ignoraba quién pudo haber sido el causante del atentado.

Además de recortar y editar los testimonios, también se ignoraron otros de gran trascendencia. Los vecinos del principal acusado, Hércules Mazzuchelli y su esposa Teresa, aseguraron que ese domingo 26 de junio el joven Romanoff permaneció en su domicilio de la calle Bermejo al 900. El matrimonio confirmó que su vecino no se había movido de su casa la noche del atentado, y por eso los abogados defensores Herminio Quirós y Cipriano Bardi pidieron e insistieron en que ambos sean llamados a declarar. No eran los vecinos deseados para la versión oficial así que nunca fueron convocados por la justicia.

Lo que no dijeron los testigos, lo aventuraron el fiscal primero y el juez después para determinar que Iván Romanoff y Salvador Denucio fueron los responsables del atentado. Lo mismo ocurrió con otros testimonios que nunca fueron citados y que podían cambiar la sentencia, al certificar que Romanoff jamás salió de su domicilio. La causa necesitaba cerrarse de alguna manera, y se cerró con el relato oficial, acusando a Romanoff y a Denucio de responsables de una bomba que nadie supo de dónde ni cómo apareció.

Capítulo V

Versos contra los tiranos

Dos vidas y una firma

Cuando doña Cristina lo vio prepararse para salir, le sugirió esperar a su padre, don Juan Pedro Mandrini, así almorzaban los tres juntos. Juan no hizo caso y continuó los preparativos, le dijo que quería estar temprano en la plaza, para conseguir una buena ubicación. Era el 9 de julio de 1916, el centenario de la declaración de la Independencia. En Plaza de Mayo se concentrarían los principales festejos, con desfiles cívicos y la presencia del presidente Victorino de la Plaza, las autoridades del poder ejecutivo y las pocas visitas extranjeras.

En la casa estaban ellos dos solos, doña Cristina Segui y su hijo menor, Juan Mandrini. A pesar de que era domingo, su hermano Luis debía trabajar. Cerca de las once de la mañana Juan salió de su casa, en la calle Yapeyú al 800, hacia Plaza de Mayo. La casa quedaba en el barrio de San Cristóbal, donde vivían hacía un año y medio, los cuatro apiñados en una pieza de alquiler.

Lo primero que presenció Juan Mandrini fue la ceremonia en la Catedral, al costado de la Casa Rosada, donde pudo ver de cerca vez al presidente de la República. Tan solo lo contempló a unos metros, en medio de una multitud que se apresuraba con el paso de las horas. Eran los últimos días como presidente, en octubre debería pasar la banda presidencial a Hipólito Yrigoyen.

Mandrini contempló el andar pausado del presidente hacia la Casa Rosada, los bigotes blancos y tupidos, los pasos medidos de sus 75 años. Todos se preparaban para el desfile militar sobre uno de los extremos de la Plaza de Mayo, el número especial de la jornada. Y hacia allá fue la multitud.

El palco de la Casa Rosada lo lideraba el presidente, acompañado por sus ministros. A su derecha, el embajador de Brasil, Ruiz Barbosa, y a su izquierda, el de Bolivia, doctor Villazón. El desfile militar se desarrolló con la sincronización esperada. Juan Mandrini fue buscando su lugar en la primera fila, a metros de los protagonistas del desfile. Y allí se quedó.

Llegó el turno de los boys scouts, entidad fundada cuatro años atrás por los apellidos ilustres que conducían al país, una estética importada y por demás extraña tratándose de los festejos del Centenario de la Independencia. Cerca de las tres y media de la tarde, en pleno desfile de los boys scouts, algo alteró a Juan Mandrini. Se acomodó en medio de las personas y sacó el arma, en pleno desfile, mientras la multitud vitoreaba el nombre del presidente. Y entonces apuntó hacia el palco presidencial, a las alturas de la Casa Rosada, y disparó.

El primer disparo dio en el palco, no hizo otra cosa que estallar parte de la mampostería del balcón. El segundo disparo nunca pudo ser, las personas que estaban alrededor de Juan Mandrini se fueron contra su cuerpo, primero tomando el arma y luego echándolo contra el piso. Una vez en el piso, gritó:

—¡Viva la anarquía!—. Un gesto rebelde entre puñetazos y patadas. Un grito que pocos escucharon.

La mayoría de la multitud no se alteró, apenas advirtieron un altercado en un extremo de la plaza. Incluso el propio presidente quiso minimizar el hecho y continuó observando a los niños scouts, desfilando. Al escuchar el disparo, apenas dijo:

—Ha tirado con pólvora sola.

Abajo, uno de los primeros en reaccionar fue el coronel Martín Rodríguez, secretario del Ministerio del Guerra, que tomó a Juan Mandrini de la cintura, para retirarlo de la multitud. La intervención de la Guardia de Infantería, sables en mano, lo salvó del linchamiento. El agresor fue arrastrado por agentes de policía hacia el interior de la Casa Rosada. Llevaba sus ropas ensangrentadas y el rostro machucado, su cuerpo entero era todo dolor. Antes de ingresar a la Casa Rosada, una señora le pegó en sus costillas con el paraguas. Intentó nuevos golpes, pero la policía lo impidió.

Mientras era conducido por la Guardia de Granaderos, Juan Mandrini, responsable de otro atentado frustrado contra un presidente argentino, dijo, al pasar y sin ningún tipo de explicaciones:

–Con no haber puesto una firma hubiera salvado dos vidas.

Al borde de un ataque de nervios

En la Guardia de Caballería, en el interior de la Casa Rosada, Juan Mandrini fue atendido de inmediato por la Asistencia Pública para frenarle la hemorragia. Sentado y tranquilo, sin reacción, continuaba con la ropa ensangrentada y el dolor en el cuerpo.

De un momento a otro, escuchó unos pasos alterados por el pasillo. Al levantar la cabeza, advirtió que en medio de una custodia de policías, se le acercaba el presidente de la República. Victorino de la Plaza lo observó con severidad, en silencio, apenas por unos segundos, y se retiró. Ni el presidente ni el agresor se dijeron palabra. Eso fue todo entre ellos.

El presidente, por su parte, cerca de las cinco de la tarde abandonó la Casa Rosada, custodiado por el jefe militar de la casa, coronel Martínez Urquiza. Varias personas, a los alrededores, esperaban para despedirlo con aplausos. Una vez curado de las heridas, a Juan Mandrini lo condujeron a la comisaría 2ª, detenido e incomunicado.

Lo que más extrañó Juan durante los dos días de que permaneció en el calabozo de la comisaria fue su cuaderno. Durante las noches leía con intensidad y sobre todo, pasaba horas escribiendo. Escribía versos en un cuaderno que él mismo tituló *Contra los tiranos*. Muy pocas veces salía luego de cenar con sus padres, elegía la lectura y la escritura. Incluso él mismo había confesado a sus vecinos que era autor de versos.

Su hermano Luis, de 22 años, cuidaba de Juan como de un adolescente rebelde. Luis sabía que había militado en el anarquismo en un pasado cercano, incluso que había sido detenido por incitación a la huelga. Todo eso confesó a la policía, el mismo día que visitó a su hermano en la comisaría 2ª.

Sus frecuentes ataques de nervios mantenían a su familia en permanente alerta. Tal es así que el atentado, según se animaron a conjeturar, había sido resultado de uno de esos ataques. Dos años atrás, Juan Mandrini había estado detenido en la Prisión Nacional por un violento altercado en la calle. La discusión por el pago de un jornal terminó con una golpiza a un pintor. Durante el año que permaneció en la cárcel se la pasó leyendo día y noche, para distraerse, una manera obligada de apaciguar sus nervios y de acumular versos en su cuaderno.

La madre tenía su propia explicación sobre el carácter de su hijo, y la confesó la misma noche del atentado, cuando la policía allanó la casa de la calle Yapeyú. Ella y su esposo, al poco tiempo de llegar de Italia, en 1889, se asentaron en Azul, provincia de Buenos Aires. Vivían de manera modesta, dependiendo lo que les daba la chacra, hasta que un incendio destruyó todos sus bienes. Eso forzó a la mudanza y a un cambio rotundo de vida. En el momento del incendio, Cristina Seguí estaba embarazada de Juan Mandrini. La señora, el día del allanamiento y en medio de la congoja, atribuyó a esa situación el carácter irascible de su primer hijo varón. Todos eran conscientes del carácter del joven Juan.

Luego del incendio, se asentaron en la ciudad Buenos Aires, por lo que debieron acostumbrarse en poco tiempo a los trabajos efímeros y a las mudanzas. En 1894 nació Luis Mandrini, el segundo hijo varón. A pesar de tener dos años menos, supo cuidar de Juan, atento a sus conductas irascibles desde joven. El día del atentado, según declaró Luis, no lo pudo acompañar a los festejos cívicos del Centenario ya que le tocó trabajar. Sabía que andaba con un arma y Juan con un arma resultaba todo un peligro. Era una imitación Smith & Wesson, de siete milímetros. Un arma ordinaria, de poco alcance, aunque suficiente para alterar los festejos del Centenario de la Independencia. Más allá de las prevenciones, la familia jamás imaginó que Juan cometería el atentado.

Los vecinos tampoco intuyeron tamaña decisión. Juan, para ellos, era el joven albañil que por las noches se dedicaba a escribir versos y leer, el mismo que aportaba al mantenimiento de la familia. Lo que era una verdad. El dinero del trabajo se lo daba entero a su madre para que ella administrara, a pesar de sus 24 años y la experiencia en el mundo laboral.

La banda de los calabreses

Los últimos días de julio de 1914, la prensa nacional seguía de cerca las noticias que llegaban desde la zona de los Balcanes. El gobierno austrohúngaro daba un ultimátum al de Serbia para que entregara a los responsables del asesinato de archiduque Francisco Fernando. El inicio de la Primera Guerra Mundial estaba a las puertas de Europa.

Pero esas noticias, que cambiarían el rumbo de la historia del mundo, no eran las que el público argentino seguía día a día con inusitada atención. La noche del 20 de julio de ese año, el señor Livingston llegaba a su casa, luego de una de las tantas noches de ronda con amigos, lejos de su familia. Esa misma noche, en el living de su propia casa fue asesinado de cuarenta y ocho puñaladas por una banda de pescadores contratada por su propia esposa. La prensa supo aprovechar el atractivo que provocó el caso del asesinato de señor Livingston. Como una novela de folletín, a diario entregaban las novedades.

El 29 de julio de 1914, un día después del atentado al archiduque Francisco Fernando, puntapié inicial de la Primera Guerra Mundial, Carmen Guillot, la esposa del señor Livingston, había declarado que "con el bastón con que tantas veces me pegó, se ha tenido que defender". Durante años había acumulado odio y un buen día, diseñó la venganza. Y así, encargó el crimen a la banda de los pescadores, oriundos de Calabria, que mataron de manera artesanal al señor Livingston. Los dos responsables fueron Juan Bautista Lauro y Francisco Salvatto, condenados a muerte. El 22 de junio de 1916 ejecutaron a los dos calabreses, los dos últimos a quienes se les aplicó la pena de muerte por causas no políticas en la historia argentina.

En la comisaría, luego de que el juez Orto le levantara la incomunicación, Juan Mandrini dio una breve entrevista al diario *La Nación*. Cuando se le preguntó el motivo del atentado al presidente Victorino de la Plaza, adujo que trató de "exteriorizar mi protesta por los fusilamientos de Lauro y Salvatto". En la entrevista se mostró comprometido con el caso, aunque no conocía ni a Lauro ni a Salvatto, el fusilamiento de los calabreses lo había impactado. "Desde el día en que se produjo el doble fusilamiento, yo pensé en hacer sentir en alguna forma ruidosa mi protesta y llevé a cabo mi propósito en la forma conocida", declaró.

Ninguno de los dos calabreses eran ácratas y tampoco las organizaciones anarquistas los habían reivindicado. Se trataba de una vindicación personal. En el desfile del Centenario de la Independencia, Juan Mandrini se había ubicado delante de todos, mientras desfilaban los boys scouts. Y según confesó él, al escuchar el nombre del presidente de parte de la multitud, eligió el momento de concretar su protesta, despertando su ira, propia de la esquizofrenia.

Años antes del atentado al presidente, Juan Mandrini había tenido otro gesto de fanatismo. En este caso, por Italia. Los padres habían nacido en el norte de la península, igual que sus dos hermanas mayores. Rosa, una de sus hermanas, estaba casada con un chofer que trabajaba en la casa de la familia Julio Argentino Roca hijo. El ingreso de Italia a la Primera Guerra Mundial, en abril de 1915, generó un compromiso de buena parte de la colectividad dispersa por el mundo. Entre ellos, el joven Juan Mandrini.

Cuando los consulados italianos en Argentina abrieron sus puertas para inscribir a los voluntarios para la guerra, entre esos voluntarios estuvo el joven Mandrini. La única oposición era su madre, que le rogaba desistir del viaje. Tenía todo listo para sumarse a las trincheras europeas, pero los ruegos de la madre pudieron más y no fue. Tiempo después, la familia se mudaba a la pieza de la calle Yapeyú, en el barrio de San Cristóbal. Juan Mandrini, mientras tanto, seguía de cerca las noticias de la guerra, con el compromiso intacto y la esperanza del triunfo de los aliados, bando donde sorpresivamente Italia se había alistado.

El doctor Confucio

El 9 de agosto de 1914 fallecía el presidente Roque Sáenz Peña, el mentor de la Ley de Sufragio Universal, la que modernizó las prácticas electorales. El presidente estaba de licencia desde septiembre del año anterior y su enfermedad volvía inminente la asunción de Victorino de la Plaza, su compañero de fórmula.

El temor de los sectores opositores se concentró en la figura de Victorino de la Plaza, que con sus 73 años susurraba a su entorno la intención de retroceder con la reforma electoral. Incluso la sospecha nació dentro mismo del sector conservador, que pronto se mantuvo alerta.

A pesar de criarse en una familia acomodada, en el pueblo salteño de Cachi, Victorino de la Plaza debió trabajar en empleos poco frecuentes para un político conservador, desde su infancia y buena parte de su juventud. Todo cambió en la familia cuando falleció su padre. Fue preceptor en un colegio, vendió diarios y también los manjares que cocinaba su madre. Terminó el colegio secundario en Concepción del Uruguay, donde fue compañero de Julio Argentino Roca, becado por el entonces presidente Justo José de Urquiza.

Cuando estalló la guerra de la Triple Alianza, en 1865, se sumó al ejército de artillería, en una participación que el gobierno de Uruguay supo destacar. Un año después, lo condecoró por su actuación en las batallas de Estero Bellaco y Tuyutí. Sus problemas de salud lo obligaron a abandonar la guerra. En Buenos Aires lo esperaba el ascenso a capitán, en manos del presidente Bartolomé Mitre.

Ya en Buenos Aires, lejos de la batalla que arrasaría con la autonomía económica y el progreso de Paraguay, Victorino de la Plaza comenzaría una carrera política, con el perfil típico de un conservador. El aval se lo concedió el entonces presidente Domingo Sarmiento, primero nombrándolo profesor de filosofía en el Colegio Nacional, y luego al enviarlo a Estados Unidos a imprimir el flamante Código Civil.

Era su primer viaje al exterior, un augurio de sus próximos trabajos. Durante quince años vivió en Londres y se desempeñó como abogado de compañías ferroviarias y asesor de firmas crediticias inglesas. Sus contactos y el compromiso con el proyecto conservador lo habilitaron a negociar la deuda externa de Argentina, luego de la crisis financiera de 1890.

Por eso, el 1° de diciembre de 1913, cuando se inauguraba la línea A de subterráneos, Victorino de la Plaza, presidente provisional, ya que Roque Sáenz Peña estaba de licencia, posaba orgulloso en la primera fila de uno de los coches. Las obras habían sido otorgadas a la compañía inglesa Anglo-argentina, resultado de sus gestiones durante más de una década en Gran Bretaña.

El 2 de abril de 1916 recibía una noticia posiblemente esperada pero que significaba un revés para el período conservador. Ese día ganaba las elecciones presidenciales la fórmula Irigoyen-Luna por la Unión Cívica Radical. Un síntoma de los cambios políticos que se avecinaban. La democratización de las prácticas políticas no resultaba del agrado del entorno de Victorino de la Plaza. Sin pensarlo, a días de cumplir 76 años cedía la banda presidencial al primer presidente radical, elegido bajo ley del Sufragio Universal. Sería el último presidente del período conservador, al menos de ese período iniciado por Julio Argentino Roca en 1880.

El "Doctor Confucio" era un personaje de historieta y hablaba con los ojos entrecerrados. De esa manera hablaba Victorino de la Plaza, con los ojos a medio cerrar, por eso el humor popular lo apodó "Doctor Confucio". Más allá de esa particular forma de presentarse en público, de la Plaza tuvo la agudeza de no entorpecer el cambio político casi irreversible, más allá del disgusto que podían provocarle los nuevos tiempos. O al menos, evitó la terquedad de derogar la Ley de Sufragio Universal. El "Doctor Confucio" supo tener una mirada a largo plazo.

Una trinchera propia

El lugar que Victorino de la Plaza ocupó en la historia política resultó de una trascendencia impensada. Antes de entregar la banda presidencial a Hipólito Irigoyen, fue quien contempló el inicio de la Primera Guerra Mundial, situación embarazosa debido a la dependencia económica de Argentina respecto de las compras de los países europeos. Se apresuró en declarar la neutralidad frente a la guerra, en cinco decretos consecutivos, los cinco arrimados a fines del año 1914. Manifestó su intención de comercializar con ambos bandos, a modo de defensa de los decretos. Se había especializado en finanzas y así actuó durante los dos años que le tocó atravesar la Gran Guerra.

Y justamente por la Gran Guerra, el país debió festejar el centenario de la Independencia sin visitas europeas. Los festejos comenzaron el 8 de julio con un desfile de barcos de Brasil y Uruguay, que hicieron sonar unos 21 cañonazos en el puerto de Buenos Aires, en el momento en que llegaba el crucero presidencial. En el amanecer del otro día, se escucharon las campanas de todas las iglesias. Los festejos del centenario comenzaban con una envidiable sincronización. Aunque también hubo importantes festejos en la provincia de Tucumán, los ruidos y el bullicio se concentraron en Buenos Aires. Y también el escándalo.

La bailarina Isadora Duncan, una de las creadoras de la danza moderna, llegó a Buenos Aires a los 38 años a dar una serie de funciones. En un club nocturno se había animado a bailar el himno nacional cubierta por una bandera argentina, ante un público de estudiantes que festejó la ocurrencia. "A la siguiente

mañana mi empresario vino furioso a leerme la reseña sensacio-
nal que habían publicado los periódicos y a informarme de que,
según la ley, consideraba roto mi contrato. Todas las familias de
Buenos Aires habían anulado su bono y declararon el boicot a
mis funciones. Aquella velada tan deliciosa con los estudiantes
fue la ruina de mi viaje a Buenos Aires", escribió la bailarina
estadounidense en *Mi vida*. Sus nuevas técnicas le valieron un
disgusto con el público porteño, conservador y acostumbrado
al ballet clásico. Se despidió del país suspendiendo las funciones
restantes y acumulando críticas al borde del insulto.

En la Plaza de Mayo se concentró la mayor cantidad de personas desde la una del mediodía, cuando comenzó el tedeum en
la Catedral. Hasta que, pasadas las tres de la tarde, el disparo de
Juan Mandrini desvió el espíritu festivo de la jornada. El palco
de la Casa Rosada sirvió como trinchera para el presidente de la
Plaza, contra una bala solitaria y sin dirección.

Una versión oficial sostuvo que el presidente de la Plaza per-
donó a Juan Mandrini por considerarlo demente. La condena
tuvo un aliciente, ya que lo acusaron por disparo con arma de
fuego y no por tentativa de homicidio. La pena que finalmente
cumplió fue de un año y cuatro meses y pasó sus días en una
alcaidía policial y no en una cárcel.

El 1º de febrero de 1918 recuperó la libertad, a los 36 años,
cumpliendo la condena hasta el último día. Juan Mandrini
regresó a la casa de sus padres y se dedicó a escribir, evitando la
actividad social y acumulando nuevos versos *Contra los tiranos*.

Capítulo VI

La sangre que llegó del sur

En Santa Cruz, entre el mar y los montes
yo he visto el pequeño cementerio de los huelguistas fusilados.
Unos mal enterrados, en la fosa abierta por ellos,
asoma la punta del zapato con tierra y lagartija.
Raúl González Tuñón

Sardinas y naranjada

Enrique Pilonge, el dueño del almacén, le sirvió lo de siempre: un plato de sardinas y un vaso de naranjada. Hacía unos días que ese joven rubio, de ojos azules casi cristalinos, se sentaba en una mesa de su local de la calle Charcas al 5100, con el mismo pedido. Luego salía con paso lento hacia la misma dirección.

También la mucama Fermina González hacía unos días veía al mismo joven, de estatura mediana, pasar por la puerta de la casa de sus patrones, en Fitz Roy al 2400. La presencia del muchacho, mientras Fermina barría la vereda al amanecer, le hacía pensar que tenía un especial interés por ella. Pero el muchacho continuaba su paso, dejando su mirada azul mientras ella terminaba su tarea.

La mañana del 25 de enero de 1923, el muchacho pasó por la vereda donde barría Fermina, con el rumbo y la displicencia de siempre. Esa mañana se habían dado las condiciones para que Kurt Wilckens concretara el atentado, al ver al teniente coronel Héctor Benigno Varela salir solo de su casa, en Fitz Roy 2493. Lo esperó a unos metros, observando el ritmo de sus pasos, uniformado y con el sable a la derecha. Escondido en el zaguán de una casa, a metros del domicilio del militar, Wilckens sacó la bomba cubierta por papeles de diarios.

–Yo vengo a mis hermanos –le dijo Wilckens al militar, en su castellano infestado de consonantes.

El militar tan sólo pudo observar los ojos azules del muchacho que lanzaba una bomba a sus pies. Después, el estallido y la lluvia de balines y esquirlas. El cuerpo del militar recibió buena parte de los balines, y así se fue desplazando hacia un árbol, arrastrándose. Al pie del árbol, el teniente coronel comenzó a pararse, con esfuerzo titánico. Tenía las piernas despedazadas.

Wilckens, luego de lanzar la bomba, se corrió al mismo zaguán donde había esperado la ocasión del atentado, en la casa del señor Traverso. Desde allí observaba el cuerpo ensangrentado del militar. Pero el joven Wilckens también tenía la pierna derecha destrozada. Al lanzar la bomba, no advirtió a la niña de unos diez años que se cruzaba entre ambos. La niña, María Antonia Palazzo, fue cubierta por su propio cuerpo y ese movimiento espontáneo lo acercó a la bomba, provocándole las heridas en las piernas. La niña, a metros, lloraba, confusa, conmovida pero a salvo.

En el zaguán de la casa, Wilckens viendo los movimientos perezosos del teniente coronel Varela, sacó su revólver Colt. El militar, apoyado en la base del árbol, tironeaba de su sable, con una mínima fuerza. Wilckens salió del zaguán, con el arma en la mano, hacia donde permanecía el teniente coronel. Acertó en un primer disparo al cuello. El segundo fue a la yugular. Hubo otros tres disparos más al cuerpo.

–¡Que lo maten! –pidió el teniente coronel, a nadie, al cielo plomizo de esa mañana de enero. Lo último que había dicho, desvanecido, sin la energía con que había ordenado la muerte de 1500 obreros en la Patagonia.

El joven de la mirada azul pareció cargar otra vez su Colt, tambaleando, las piernas apenas le respondían. Pero a sus espaldas, dos policías corrieron hacia el lugar y le ordenaron bajar el arma. Adolfo González Díaz y Nicasio Serrano, agentes de la comisaría 31ª, viajaban en un tranvía, en sus primeras horas de franco. En el momento que pasaban por la esquina de Fitz Roy y Santa Fé, escucharon el estallido y entonces obligaron al chofer a detenerse.

Wilckens levantó las dos manos, rodeado y dolorido, el arma en su mano derecha, sin balas. La sangre brotaba de su pierna derecha, ya sin respuesta. Tenía fracturado el peroné. El uniforme del teniente coronel, que esa mañana supo lucir impecable, comenzó a tiznarse de rojo, por la sangre que descendía desde el cuello. El sable permanecía en su lugar, inútil.

Una cama de farmacia

Adonis Manzanos recién abría el local de aceites, vinos y conservas, en Fitz Roy 2491. Permanecía en el mostrador, organizando detalles, cuando escuchó el impacto. Al salir a la vereda, descubrió a su cliente, el teniente coronel Varela, echado al pie de un árbol. Manzanos fue el primero en socorrerlo. En minutos, una cantidad de personas rodeó la escena. Entre ellas, varios oficiales y conscriptos de los regimientos 1ro y 2do de Infantería, sito en la esquina de Fitz Roy y Santa Fe. También personal de la comisaría 31ª se hizo presente.

Los oficiales custodiaron a Wilckens por temor a que las personas quisieran vengarse. Otros alzaron al teniente coronel y lo trasladaron a la farmacia Del Inca, en Santa Fe al 4900, a la vuelta del atentado. Lo tendieron sobre una cama, inconsciente, sin respuesta. El dueño de la farmacia, Julio Schechtmann, le aplicó dos inyecciones, una de adrenalina y la otra de éter. Fue inútil. A los minutos, el teniente coronel Varela, el mismo que lideró la matanza de los obreros en Santa Cruz, moría en la cama de una farmacia, sin decir una sola palabra.

Otros tantos se dedicaron a reanimar a la señora Laura Rodríguez, que minutos antes del atentado atravesaba la cuadra de Fitz Roy al 2400, rumbo a la panadería de la esquina de Charcas. Al escuchar el estallido y antes de llegar a la esquina, cayó desmayada en medio de la vereda. No ocurrió lo mismo con las cinco personas que en el momento del atentado caminaban a lo largo de la cuadra, todos conmovidos y paralizados. Los balines quedaron incrustados en las fachadas de las casas y de algunos locales.

Kurt Wilckens primero fue trasladado a la comisaría 31ª, custodiado por policías y militares. En el lugar, le hicieron un breve interrogatorio, pero apenas le pudieron entender unas pocas palabras. Las preguntas de oficiales y militares pretendían descubrir una organización detrás, jerárquica y experimentada. Pero las respuestas de Wilckens debilitaban esa conjetura, ya que según sus palabras, actuó por "espíritu de solidaridad obrera y de acuerdo con mis ideas". Lo tuvieron tres horas parado, sin atención, a pesar que su herida en la pierna derecha era notoria.

Recién fue atendido en la enfermería de la Penitenciaría Nacional, donde lo trasladaron a las horas. Lo asistió el practicante Anastasio Ojeda. Permaneció con la pierna derecha vendada y su cuerpo débil por tanta pérdida de sangre. Sus compañeros de la sala, también heridos y detenidos, aún desconocían quién era ese joven rubio, de ojos azules, que acababa de ingresar.

La calle Fitz Roy al 2400 de a poco volvía a su rutina. Las esquirlas, impregnadas en las fachadas de las casas, resultaban la mayor atracción de los fotógrafos de la prensa. Lo mismo los charcos de sangre, que descendían del árbol hacia el empedrado. Era la sangre que había llegado desde aquella Patagonia rebelde hasta el coqueto barrio de Palermo.

El jardinero fiel

El primer lugar que Kurt Wilckens conoció en Argentina fue, justamente la Patagonia. Llegó a Buenos Aires el 29 de septiembre de 1920 y de inmediato se trasladó a Cipoletti, a trabajar en unas quintas frutales, para la época de cosecha. Al tiempo se trasladó a Ingeniero White, lugar histórico de luchas obreras. El joven alemán se vinculó con dirigentes obreros y trabajadores rurales. Nunca más pisará el sur argentino, pero supo dejar su nombre en la historia argentina como el vindicador de la Patagonia Rebelde.

La provincia de Schleswig-Holstein limita con Dinamarca, al norte de Alemania. Bramstedt es una ciudad de esa provincia alemana donde nació Kurt Wilckens, el 3 de noviembre de 1886. Se crió en una de las familias más prósperas de la ciudad, igual que sus cuatro hermanos. El padre de Kurt, August Wilckens, se había dedicado al comercio de ganado. Esa vida cómoda le permitió a Kurt terminar la escuela secundaria y continuar estudiando jardinería. La bella casa, donde vivieron los cinco hermanos, fue destruida por un bombardeo de la Segunda Guerra Mundial, en julio de 1942.

Con la idea de perfeccionar sus conocimientos de jardinería, en 1910 viajó a Estados Unidos, luego de pasar dos años en el servicio militar alemán. Y en el nuevo país, en su trajinar de trabajador nómade, yendo de un lugar a otro, conoció las ideas anarquistas. Y fiel a esos ideales, en una fábrica donde se envasaban pescados, fue gestor de un acto entre la épica y la travesura. El destino de las latas, tanto en escabeche como en conserva, dependía de la calidad del pescado. A los barrios obreros iban los envases baratos y los envases caros y de mejor calidad, a las despensas de clases altas. Entre Wilckens y otros compañeros decidieron invertir la fórmula. Y durante un par de días, las familias obreras disfrutaron de la mejor calidad de pescado. Apenas los dueños de la fábrica se enteraron, los expulsaron del trabajo. Otra vez, a deambular en busca de un empleo.

Al tiempo, trabajando en las minas de carbón, Wilckens formó parte de la huelga general de mineros que estalló en

Arizona. Wilckens tenía la ventaja de saber leer y escribir en inglés casi a la perfección. Se volvió entonces un referente de esas luchas obreras, fácil de identificar para el Estado. En mayo de 1915 Estados Unidos había sufrido el ataque al vapor "Lusitania" por parte de submarinos alemanes. De los 1198 muertos, había 124 estadounidenses, suficientes para que la prensa acorralara al presidente Wilson a ingresar a la guerra. El presidente demoró más de un año y en 1917, Estados Unidos ingresó a la Primera Guerra Mundial, por lo que necesitaba una economía activa, sin fisuras. Ese mismo año, deportó a un campo de confinamiento en Nuevo Méjico, a 1168 mineros huelguistas.

Entre ellos estuvo Kurt Wilckens. Por otra parte, aún resonaba las esquirlas del atentado anarquista al presidente William Mc Carney, en 1901, agresión que días después le provocó la muerte. Alemán y ácrata resultaba un combo difícil de digerir para el gobierno de Wilson.

En Estados Unidos, además de anarquista, Kurt Wilckens se volvió un experto en fugas y detenciones. Primero se escapó del campo de confinamiento de Nuevo Méjico, y luego de un centro de prisioneros alemanes de Fort Douglas. Pasó un tiempo en Seattle, acompañado y asistido por camaradas suecos y alemanes, mientras se ganaba la comida diaria trabajando en las cosechas de las sierras.

Tiempo después regresó al trabajo en las minas, en este caso, en el distrito de Colorado. Pero la policía lo detectó y lo sometió a un proceso extenso y determinante. El 27 de marzo de 1920 fue deportado a Alemania, aplicando una suerte de Ley de Residencia a la norteamericana. Su regreso fue completo, ya que en abril de ese año volvía a la cuidad natal de Bramstedt. Una mala noticia recibió a Wilckens, la muerte de su madre. Sabía, tal vez, que su destino no estaba en el país germano, que en breve volvería a viajar, y entonces decidió renunciar a su parte de la herencia para dejársela a los hermanos.

Hamburgo fue la nueva ciudad donde reestableció los vínculos con círculos anarquistas. Hombre movedizo, ágil, se mostró interesado en Argentina donde, según le dijeron los compañeros, había un intenso movimiento anarquista. Con tantos viajes y ciudades, se había vuelto un inquieto intelectual, lector de los gestores del anarquismo y de clásicos de la literatura como Anatole France, Tolstoi y Emile Zolá. Y a la vez, había elegido la comida vegetariana como modo de vida, un hábito repetido en otros militantes ácratas, una forma de oponerse a la matanza de animales.

No le quedaba mucho por hacer en Alemania, sumergida en la crisis de la postguerra y bajo el gobierno timorato de la República de Weimar. Desde Hamburgo, Kurt Wilckens partió hacia Argentina, con el espíritu aventurero intacto.

El rojo más peligroso del Oeste

En Estados Unidos al 1000, a cuadras de 9 de Julio, quedaba el local donde Kurt Wilckens eligió retomar su militancia en la ciudad de Buenos Aires, luego de su paso por el sur argentino. Se instaló en un hotel que regenteaba el alemán Hoff, sobre la avenida Leandro Alem. La policía ya le seguía los pasos, a pesar del poco tiempo que llevaba en el país.

El 12 de marzo de 1921, Wilckens se encontraba sentado en el bar "La brasileña", en la esquina de Estados Unidos y Bernardo de Irigoyen. Un desconocido se le sentó a la mesa, confeso anarquista e interesado en charlar con el joven alemán. Se quedaron hablando un rato, tanto que Wilckens sacó un artículo de un diario estadounidense titulado "El rojo más peligroso del Oeste". El rojo peligroso era el propio Kurt Wilckens, y orgulloso de su paso por Estados Unidos desplegó el artículo sobre la mesa del bar.

En "La Brasileña" se habían dado cita el idealismo ingenuo y la astucia del Estado. El compañero ácrata resultó un agente de la policía, un tal Mauricio Gutman. El agente, aprovechando que el joven Wilckens necesitaba trabajo y hogar, le ofreció ayuda. Salieron juntos del bar. La promesa de ayuda se trocó en una visita a la comisaría 16ª, y el agente Gutman resultó su anfitrión.

Su debut en una comisaría argentina lo demoró cuatro meses. La intención del agente Gutman y sus superiores era expulsarlo del país, aplicando la Ley de Inmigración. El agente actuaba a la par de Remigio Lupo, el director general de Inmigración, hurgando en leyes y pruebas para expulsarlo. La acusación se debía al uso irregular de documentos y por portación de armas. Se le sumó su prontuario en Estados Unidos, más que suficiente para considerarlo un anarquista peligroso.

En los calabozos del Departamento Central de Policía conoció a un grupo de anarquistas implicados en atentados menores. Entre ellos estaba Ramón Silveyra, un panadero español que había echado fama por sus fugas en diferentes prisiones. A pesar de su compañía, Wilckens salió de la cárcel por decisión de la justicia, luego de revocar su caso y dejar sin efecto la expulsión del país. El 6 de septiembre de 1921 recuperó la libertad. Inauguraba en Argentina un número de prontuario, el 44794.

Su afán por los viajes lo llevó por segunda vez a Ingeniero White, luego de un breve paso como lavador de autos en Buenos Aires. En la ciudad sureña volvió al trabajo de estibador y a enrolarse en la FORA. En pleno trabajo, una locomotora portuaria lo atropelló, por lo que sufrió profundas heridas en el brazo. El accidente lo obligó a una nueva mudanza. Y así, con el brazo derecho enyesado, regresó a Buenos Aires a lavar autos nuevamente. Conservó el trabajo durante un largo tiempo y por eso comenzó a militar en la Asociación Obrera Lavadores de Autos y Limpiadores de Bronce.

Diego Abad de Santillán había regresado a Argentina en 1918 para continuar su activa militancia. Se involucró en la FORA y codirigió el diario *La protesta* junto a Emilio López Arango, otro español que había llegado al país en 1910 e integrante fundamental del gremio de panaderos. Abad de Santillán fue uno de los intelectuales libertarios más activos, como historiador, recorriendo ciudades del mundo y editando periódicos. Una vez en Buenos Aires, a principios de 1922, Wilckens compartió con Abad de Santillán una habitación de la calle Sarandí al 1400. Con ellos también vivía Enrique Arrigoni, italiano y anarquista, capaz de pasar noches enteras discutiendo de política. El barrio de San Cristóbal contaba con su propia convención de anarquismo internacional: un español, un italiano y un alemán, todos juntos en una modesta habitación, al fondo de una casa de familia, buscando teñir el mundo de rojo y negro.

Al tiempo, Diego Abad de Santillán se fue a Alemania, donde estudiará medicina y formará parte de la fundación de la Asociación Internacional de Trabajadores, en Berlín. El alemán y el español se despidieron en el puerto, la última despedida. Nunca más se volvieron a ver.

Chris Larsen corresponsal

A inicios de 1922, llegaron las primeras noticias del paso del teniente coronel Héctor Benigno Varela por la Patagonia. La sangre de los trabajadores cubría las tierras del sur y cada día se conocía un nuevo fusilamiento. Wilckens comenzó a enviar artículos a dos periódicos alemanes sobre los hechos en la Patagonia. Uno era *Alarm*, de Hamburgo y el otro, *Der Syndicalist* de Berlín. Ambos pertenecían a diferentes organizaciones obreras anarquistas.

En algún momento, entre tanta sangre que ascendía desde el sur, Kurt Wilckens decidió la venganza. En la habitación de la calle Sarandí ya no vivía Abad de Santillán. Tampoco el italiano Enrique Arrigoni, quien había viajado a Estados Unidos hacía seis meses, considerado un anarquista peligroso por la policía argentina. Los días previos a la venganza, compartía la habitación con Valentín Martín, argentino y de 30 años, de oficio decorador. Pero ni a él ni a nadie le confesó su plan, por eso se retiró del circuito cotidiano, dejando de concurrir a locales ácratas y al sindicato de lavadores de autos. La única tarea que no interrumpió fue la de escribir los artículos para los periódicos alemanes. Incluso se cambió de apellido, ahora se hacía llamar Chris Larsen, despistando sus huellas, repitiendo el trabajo artesanal y en solitario de cada vindicación ácrata.

Sin embargo hubo alguien que logró localizarlo. Otra vez el agente Mauricio Gutman, quien hacía tiempo lo venía siguiendo y descubrió que frecuentaba el local de la Asociación de Lavadores. Hasta develó su nuevo nombre. Gutman entonces renovó el prontuario del alemán y lo volvió a registrar, esta vez como Chris Larsen. Pero los nuevos datos no eran suficientes para ordenar una segunda detención. Y si acaso se hubiese enterado en qué tarea estaba comprometido, sin dudas habría frustrado uno de los atentados más importantes de la historia argentina.

En los primeros días de 1923, Wilckens siguió al teniente coronel Varela por las calles de Buenos Aires, durante semanas, hasta conocer con precisión su rutina. El militar salía todas las mañanas de su domicilio, en Fitz Roy al 2400, antes de las ocho rumbo a la calle Santa Fe. De allí, continuaba caminando hasta la estación Palermo, para tomarse el tren a El Palomar. En la Escuela Militar, casi frente a la estación de esa localidad, le había resultado fácil diferenciarlo, era el único que portaba en su uniforme las insignias de la Escuela de Caballería.

Sólo le faltaba el artefacto para el atentado. Recurrió a un grupo de anarquistas para armar la bomba. El grupo de Miguel Arcángel Roscigna le proporcionó los conocimientos necesarios y Andrés Vázquez Paredes, la bomba. Ambos trabajaban a la par, en acciones libertarias, en delitos en pos de la causa, uno de los tantos anarquistas expropiadores tal como los llamó Osvaldo Bayer. Las primeras pruebas del artefacto las hicieron cerca del puente Barracas, como parte del adoctrinamiento. Kurt Wilckens se volvió uno de los mejores alumnos.

El interior de la bomba contenía un combinado de ácidos que al entrar en contacto con la dinamita, produciría la explosión. La cubría una forma esférica y cerrada a rosca, de un espesor de cuatro a seis centímetros. Desde que tenía la bomba escondida en un rincón de la pieza de alquiler, cerraba la puerta con llave cada vez que salía. Un detalle que a los vecinos de la pensión les había llamado la atención. Días después entendieron el motivo.

Bandidos rurales

El teniente coronel Héctor Varela había regresado a Buenos Aires con la certeza de haber cumplido su deber. Al despedirse de Santa Cruz, a mediados de 1921, había logrado la promesa de los dirigentes de la Sociedad Rural y los peones de retomar las actividades. Seis meses después regresaba al sur, con el ímpetu y la impunidad del represor que cuenta con el aval de Estado.

El conflicto se había iniciado en agosto del año 1920, luego de una demanda repetida de las organizaciones rurales de Río Gallegos. Además de un aumento de sueldo, se exigía reducir la jornada laboral a diez horas, descanso semanal y un pedido particular: que les permitieran leer los diarios. El petitorio hizo agua en el gobierno local y la huelga se endureció. Desde la otra vereda, los empresarios mandaron a la policía y a sus matones a retomar el orden.

La Patagonia se paralizó en semanas. Las estancias se veían vacías, el ganado lanar se acumulaba en los galpones, los peones sin dinero y en los estancieros crecía la desesperación. El 2 de enero de 1921, la policía dispersó de las calles de Río Gallegos a los huelguistas, a palazos y balas. Y entonces los huelguistas tomaron revancha, asaltando estancias, disparando contra las fuerzas represivas y armando columnas dispuestas a duros enfrentamientos. En semanas, Santa Cruz contaba con una cantidad importante de muertos y heridos, de ambos bandos. Comenzaba el año 1921 y el conflicto llegó hasta al entorno presidencial.

El presidente Yrigoyen convocó de inmediato al teniente coronel Héctor Benigno Varela, titular del Regimiento 10 de Caballería de Línea de Húsares de Pueyrredón. El militar tenía experiencia en dispersar fuerzas sediciosas. Había formado parte de la represión en enero de 1919, ensangrentando las calles del barrio de San Cristóbal. Antes, participó de la revolución de 1905, contra las tropas lideradas por el mismo Yrigoyen. Ese fue el hombre que el presidente radical convocó para pacificar la Patagonia.

Héctor Benigno Varela nació un 25 de enero de 1875, y a los veintidós años egresó como alférez del Colegio Militar. Su carrera comenzó en el distrito General Roca, en Chaco, para continuar un largo periplo de misiones en otras provincias del país. Pasó por Choele-Choel, regresó a Chaco, hasta que en diciembre de 1903 llegó a Mendoza donde lo ascendieron a teniente. Cuando Yrigoyen le asignó la misión en Santa Cruz, Varela estaba como jefe de cuerpo de Caballería 10, con sede en Campo de Mayo.

Y el pacificador llegó a la Patagonia, con 170 hombres del regimiento, el 13 de febrero de 1921. Junto a Héctor Varela viajó el capitán Ángel Ignacio Iza, un militar radical que asumiría la gobernación interina de Santa Cruz. La orden de Yrigoyen fue clara, evitar nuevos hechos sangrientos. Faltaba poco más de un año para dejar la presidencia y registraba varios muertos en diferentes conflictos obreros.

El gobernador Iza se encargó de articular un acuerdo entre las partes enfrentadas, aceptando los cinco puntos exigidos por los trabajadores. Con esa promesa, el teniente coronel Héctor Varela regresó a Buenos Aires. Parecía que había sido apenas un viaje de rutina, una exposición de fuerzas. Así también lo vio el presidente Yrigoyen, intuyendo que había resuelto un conflicto con una destreza inusual. Ocho meses después volvía a convocar al teniente coronel para un segundo viaje a la Patagonia.

Zona liberada

La solución pacífica anhelada por Yrigoyen fue tan efímera como la palabra empeñada por la Sociedad Rural de Santa Cruz. En agosto de 1921 se lanzó una huelga general desde la Federación Obrera Regional, entidad con fuerte presencia anarquista y comunista. Otra vez, la Patagonia, paralizada y enfrentada. La prensa y la Sociedad Rural pidieron entonces una nueva intervención del Estado nacional.

El militar elegido por Yrigoyen para la nueva intervención no era del agrado de los hombres fuertes de la provincia, por su carácter conciliador en la anterior visita. El presidente mantuvo la decisión y el 10 de noviembre de 1921, el teniente coronel Héctor Varela volvió a Río Gallegos. En su segunda expedición, reclutó unos doscientos hombres, divididos en dos cuerpos. Uno, comandando por el propio teniente coronel, el otro, por el capitán Elbino Anaya.

Apenas arribó a Santa Cruz, escuchó el informe catastrófico del nuevo gobernador interino, el mayor italiano Cefaly Pandolfi. Ese relato estuvo avalado, línea a línea, por la Sociedad Rural y los estancieros británicos y estadounidenses. En la ciudad de Río Gallegos se concentraban los estancieros desalojados de sus propiedades, un testimonio más del "accionar bárbaro" de los peones. Entre ellos lograron consensuar un único relato. Lo cierto es que en pocos meses, el temperamento del teniente coronel dio un viraje rotundo. Lejos ya del presidente Yrigoyen, se prestó a esos reclamos y declaró la pena de fusilamiento en territorio sureño. No mostró orden alguna del poder ejecutivo ni decisión judicial. Solo fidelidad a una de las partes del conflicto.

Unas semanas antes, el Congreso nacional había derogado la pena de muerte, en un debate en sesiones extraordinarias. La pena de muerte se había eliminado en todo el territorio nacional salvo en esa parte de la Patagonia, por decisión del teniente coronel Varela. La sospecha fundamental rondaba en quién había dado la orden de tamaña medida, tal cual señala Osvaldo Bayer en el tercer tomo de *La Patagonia rebelde*. El historiador no tiene dudas de que llegó del propio mandatario radical. Y si hubo algo en que Yrigoyen mostró inmensa impericia fue en cada uno de los conflictos obreros. A veces, por incapacidad de negociación, otras por darle rienda suelta a los gendarmes del orden. Queda por resolver si fue por ingenuidad o convicción.

En la segunda expedición por el sur argentino, Varela llegó a las tierras de los Schroeder, asaltadas por los huelguistas como tantas otras estancias. En los alrededores encontró, casi azarosamente, al chileno Luis Triviño Cárcamo, uno de los participantes del asalto. Al atraparlo, el militar ordenó al sargento Echazú el primer fusilamiento.

—Este no vivirá más —dijo el teniente coronel, y así se procedió, poniendo en práctica por vez primera la ley marcial.

El gesto de Varela, sumado a la declaración de la pena marcial, recobró las esperanzas a los dueños de la región. Mauricio Braun, Alejandro Menéndez Behety, los hermanos Sicardi del puerto de Santa Cruz, el ingeniero Cobos de San Julián, todos ellos devolvieron la confianza al teniente coronel.

Muchos huelguistas se enteraron del destino del chileno Trivino Cármano y por eso comenzaron a debatir la decisión a tomar. Las tropas que llegaron desde Buenos Aires se movían por la región, buscándolos como cazadores a una presa. En semanas casi toda la provincia supo de la violencia de los hombres del teniente coronel Varela. El que pareció no enterarse fue el mismo presidente Yrigoyen, quién no emitió nuevas órdenes ni se pronunció ante los primeros fusilados.

El 16 de marzo de 1922, al regresar de Santa Cruz luego de pacificar el sur argentino siguiendo los intereses de un solo sector y dejando millares de muertos, al teniente coronel Héctor Varela no lo recibió nadie. Tampoco el presidente lo recibió, pero de inmediato lo nombró director de la Escuela de Caballería, con sede en El Palomar. El único gesto para el nuevo pacificador de la Patagonia.

Tolstoi, sobre todo Tolstoi

El 26 de enero de 1923, el diario *La Nación* comparaba el atentado a Varela con el de Ramón L. Falcón, por "la magnitud y la cobardía de ambos agresores". La policía actuó en sintonía con la comparación. Cada día se anunciaban nuevas detenciones a militantes anarquistas, a cargo de la Sección de Orden Social, siguiendo la premisa de que había una organización acompañando a Kurt Wilckens. Los primeros detenidos fueron Valentín Martín, el decorador que había compartido pieza con el joven alemán, también José Ramos y Alfredo Elías. Un mayor entusiasmo generó las detenciones de Manuel Rita, estrecho amigo de Wilckens, y del conscripto Horacio Badaracco.

Rita era un conocido militante ácrata y por eso, lo trataron con dureza. Pero a los días no tuvieron más salida que otorgarle la libertad. A Badaracco también lo liberaron días después y también lo sometieron a interrogatorios y a algunas trampas para encontrarlo cómplice del atentado. Se caía la idea de la organización. Sin embargo, continuaron las detenciones.

El mismo día del atentado se allanó la pieza donde vivía Wilckens, en el barrio de San Cristóbal, en la calle Sarandí al 1400, la estrecha habitación de tres metros cuadrado, donde apenas cabía un moblaje de dos camas plegadizas y un escritorio. En las paredes se veían cuadros de Marx, Kropotkin y Francisco Ferrer. Tampoco en la pieza se encontraron indicios de una organización detrás del atentado, sí en cambio numerosas publicaciones ácratas alemanas y varios folletos de filosofía griega. Ni bombas ni planos de futuros atentados. Otra frustración para los hombres de Orden Social.

José Barbera, el encargado de las piezas de alquiler, jamás había sospechado que el joven alemán podía perpetrar tamaño hecho, a pesar de ser un hombre extraño. A veces se encerraba días enteros tan solo para leer, había declarado Barbera, testigo dócil para colaborar con la policía. Ese hombre extraño pasó a ser el hombre ponderado por el anarquismo de todo el mundo. En Argentina, cada acto en su homenaje era reprimido. Tal como ocurrió el domingo 28 de enero de 1923, luego del acto en plaza Constitución, donde se llevaron a diez detenidos. El mismo destino tuvieron los propietarios de volantes a favor del vindicador alemán.

El último día del mes de enero, el juez Malbrán le dictó la prisión preventiva, casi una semana después del atentado. Si bien no obtuvo pruebas, el juez continuaba con la idea de una asociación de "anarquistas libertarios". Mientras, Wilckens de a poco se recuperaba de su herida. En abril ya se podía parar con muletas y por eso fue trasladado a la cárcel de Caseros, al pabellón segundo, en un sector de presos de buena conducta.

En la cárcel también cobró un protagonismo impensado. Los presos tenían de compañero al vindicador de los muertos de la Patagonia, el mismo que había ocupado la portada de los diarios desde fines de enero de 1923. Kurt Wilckens apenas podía entablar un diálogo fluido, su castellano no había mejorado. A sus amigos y a viejos compañeros les pidió libros en alemán. A Diego

Abad de Santillán, por ejemplo, le confeccionó una larga lista de autores, los mismos que formaron su ideología. Entre ellos, Zolá, Dostoievski, Bakunin, Kropotkin, Ferrer y "de Tolstoi y sobre todo Tolstoi", recordaba Abad de Santillán tiempo después.

Los libros pedidos nunca le llegaron y debió conformarse con tres obras de Goethe, *Hambre* de Kunt Hamsun y un tomo de *Cómo aprender castellano*. Lo que recibía a diario eran bolsones de fruta y verdura de parte del Comité Pro Presos.

Kurt Wilckens continuó sus días en la cárcel, siempre en el pabellón de presos de buena conducta. Al moverse con muletas, resultaba imposible una fuga. Y allí, en ese pabellón, terminó su vida por otra venganza, en este caso de parte de un niño bien, de triple apellido y militante de la Liga Patriótica.

Capítulo VII

El profesor en el hospicio

El niño bien de triple apellido

A las once de la mañana llegó el presidente de la República al Regimiento 2 de Caballería, en la esquina de Fitz Roy y Santa Fe. En medio de oficiales y jefes, Marcelo T. de Alvear se dirigió al lugar del cadáver. Los periodistas buscaban la foto o la declaración para ampliar la gran noticia, aunque nadie pretendía ofrecer palabra alguna.

Solo un muchacho de mirada alocada y frenética, de pelo ensortijado, se animó a romper el silencio, intentado echar a los periodistas, amenazándolos de muerte. Los gritos del muchacho silenciaron más a los presentes. Los militares se preguntaban de quién se trataba, cómo llegó hasta ese lugar, a metros de donde estaba el cuerpo del teniente coronel Héctor Varela.

El muchacho de pelo ensortijado, Jorge Ernesto Pérez Millán Temperley, había sido sargento de policía de Santa Cruz y actual miembro de la Liga Patriótica. De inmediato fue apartado del gentío y llevado a un rincón del Regimiento. Alguien dijo que había ingresado por su parentesco, lejano, con el teniente coronel.

Las amenazas y el escándalo quedaron en el ámbito del Regimiento, tanto que el nombre del muchacho ni siquiera salió en los diarios del 26 de enero de 1923. El viernes 26, una gran cantidad de personas acompañaron los restos del teniente coronel Varela, desde el Colegio Militar hasta el cementerio de la Chacarita. El ataúd estaba cubierto por su uniforme y otros atributos de la profesión, junto a una bandera argentina de guerra cruzando de punta a punta.

Otro día de calor sofocante en Buenos Aires. A las seis y media de la tarde llegaba el ataúd al cementerio. Entre la multitud que acompañó a pie la caravana estaban el presidente Alvear y su ministro de Guerra, el general Agustín P. Justo, el de Marina, Manuel Tomás Domecq García, y el de Relaciones Exteriores Angel Gallardo.

Ya en el cementerio, los oradores fueron sucediéndose. Manuel Carlés resultó uno de los más esperados, defensor de la matanza en la Patagonia y de todo tipo de represión al movimiento obrero. "Es una traición esta muerte. ¡Mano extranjera, sin honor ni ley, ha muerto el jefe del Ejército! ¡Que al menos esta tragedia pueda servirnos de lección! Ya que el Congreso suprimió la pena de muerte, que libre a la sociedad de las fieras humanas, y derogue la ley de orden social que previno el suelo patrio de la importación de prófugos y amnistiados extranjeros", dijo Carlés.

Entre los que aplaudieron con entusiasmo fue el propio ministro de Guerra, Domecq García, fundador de la Liga Patriótica y un conocido represor durante el gobierno de Yrigoyen. También aplaudiendo estaba el joven Pérez Millán, ya manso y perdido entre la gente. Cinco meses después sería condescendiente con sus compañeros de la Liga.

El cazador oculto

La comparación que *La Nación* estableció entre las vindicaciones de Ramón L. Falcón y la de Héctor Varela no resultaron tan solo idea del diario de los Mitre. También la prensa anarquista reivindicaba de la misma manera tanto a Kurt Wilckens como a

Simón Radowitzky. El alemán y el ucraniano se volvieron nombres idolatrados en la prensa ácrata.

Y así como Radowitzky se volvió una persona respetada y consultada en las cárceles que estuvo, Wilckens también pasó a ser persona grata en la cárcel de Caseros. Tanto que los guardiacárceles le advirtieron de una posible venganza. La primera hipótesis que surgió fue veneno en las comidas. Incluso la posible venganza tenía nombre y apellido: La Liga Patriótica Argentina.

La noche del viernes 15 de junio de 1923, los reclusos del pabellón de buena conducta regresaban a sus celdas a las nueve. En breve, Kurt Wilckens se durmió con la puerta abierta, como el resto de las celdas del pabellón. Ese 15 de junio, los rumores de asesinato dejaron de serlo. Y será un guardiacárcel nuevo el ejecutante.

El nuevo guardiacárcel se llamaba Ernesto Pérez Millán Temperley y la noche del 15 de junio se paseaba solo por los pasillos, observando el interior de cada celda. Sólo una le interesaba, la de Kurt Gustav Wilckens. Entonces ingresó sigiloso, el fusil Máuser preparado. El joven alemán estaba durmiendo boca abajo, las muletas apoyadas sobre la pared, la repisa cubierta de libros.

—¿Vos sos Wilckens?

El alemán despertó de golpe y se encontró con un caño de fusil custodiando sus movimientos.

—¿Jawohl?

Y Peréz Millán disparó, sin más palabras, en medio del pecho. La bala atravesó el cuerpo hasta incrustarse en la pared de la celda. El disparo resonó en todo el pabellón, los guardiacárceles de inmediato llegaron a la celda de Wilckens. Peréz Millán se entregó sin resistencia, dejando el Mauser apoyado en la pared del pabellón.

Los presos se acumularon alrededor de la celda de Wilckens, echado aun en la cama, con los ojos abiertos. Y continuó con los ojos abiertos cuando el doctor Mazza lo revisó y ordenó su traslado a la enfermería. Allí permaneció agonizando, si decir palabra pero con vida aún.

–Yo he sido subalterno y pariente del comandante Varela. Acabo de venga su muerte –dijo Pérez Millán, frente al inspector Conti, en su propio despacho, esa misma noche de viernes.

Esa misma madrugada el doctor Juan A. Prieto visitó a Wilkens, su abogado defensor, el mismo que había advertido a los directivos de la cárcel el rumor de la venganza. El doctor Prieto lo había visitado varias veces, el único autorizado en ingresar al establecimiento. El domingo 17 de junio, a las tres de la madrugada, Kurt Wilckens murió, en la misma cama de la enfermería.

Pero antes de que Wilckens muriera, la noticia corrió por buena parte del país. El sábado 16 las organizaciones obreras comenzaron a reunirse para diseñar nuevas protestas. En el caso de los anarquistas, algo más virulentas. El presidente Marcelo T. de Alvear, apenas conoció la noticia, intuyó lo que se avecinaba. La solidaridad obrera se trasladaría a la calle. Otros días agitados esperaban al mandatario radical.

Un trauma patagónico

Eran los primeros días de enero de 1921 y dos autos al mando del comisario Pedro José Micheri, llegaron al paraje El Cerrito a retomar el orden. La zona estaba bajo la órbita de "El 68" y "Toscano", líderes duros del movimiento huelguista en Santa Cruz. El primer auto, conducido por el comisario, fue detenido y dominado por los peones en huelga. El segundo, acribillado a balazos. El chofer Rodolfo Senecovich cayó herido, mientras que el sargento Sosa y el cabo Bozzano murieron. Uno solo pudo salir del auto, herido en una pierna, trastabillando, sin equilibrio. Se trataba del gendarme Jorge Ernesto Perez Millán Temperley. Los huelguistas lo llevaron a un hotel y lo recostaron en un catre. Lo acompañaba el chofer Senecovich, a su lado, también herido. En otro rincón de ese hotel, el comisario Micheri y los tres policías permanecían detenidos.

El comisario, correntino y de 36 años, actuaba habilitado por la impunidad del gobernador interino Edelmiro Correa

Falcón. Pero ahora, detenido en el hotel, su vida dependía de la buena voluntad de los huelguistas. Pero los huelguistas, dueños de la región, intuían que en breve llegarían refuerzos desde Río Gallegos. Y no se equivocaron.

El chileno Lorenzo Cárdenas, al ver que el chofer Senecovich no podía levantarse ni moverse por su cuenta, lo ejecutó de un tiro a sangre fría. Él mismo quiso sacrificar a cada uno los detenidos. En nombre de Zacarías Gracián, adujo el chileno, en referencia al compañero asesinado de un balazo por el comisario Ritchie, en otro enfrentamiento en El Cerrito. El otro herido, Pérez Millán, se salvó de la ejecución porque Armando Camporro, uno de los huelguistas, lo subió al caballo, junto a él. Los huelguistas abandonaron El Cerrito, cabalgando nueve leguas.

Con veinte años, Pérez Millán había viajado a Santa Cruz como agente de la policía, parte de los refuerzos enviados por orden del Ejecutivo. La herida en la nalga lo obligó a retirarse de los enfrentamientos y luego, forzó su regreso a Buenos Aires. La bala le dejó una dificultad en su pierna derecha al caminar, que a su vez lo forzó a retirarse de la policía.

Criado en una familia acomodada de Buenos Aires, Pérez Millán nació en 1899. Su hermana se había casado con el capitán Alberto Giovaneli. Y a su vez, la hermana del capitán Giovaneli se había casado con el teniente coronel Héctor Varela. Por eso, tenía dos motivos para acompañar a las tropas a Santa Cruz. Uno, estar al lado de su pariente. Y a la vez, rendir fidelidad a sus ideas combatiendo contra el movimiento huelguístico. Ya había participado en la represión durante la Semana Trágica, en enero de 1919. Una vocación al servicio del orden burgués.

Al poco tiempo de afiliarse a la Unión Cívica Radical pasó a las filas de la Liga Patriótica Argentina, a disposición de las directivas de su jefe, Manuel Carlés. Un niño bien que se animaba al riesgo. Así se inmiscuyó en los parajes desolados de Santa Cruz, aprovechando su cargo en la policía, y así se camufló de guardiacárcel para vengar el asesinato de su pariente, el teniente coronel Varela.

El dolor de la ciudad

"Un gran dolor despierta la ciudad", advertía el diario *Crítica*, en sintonía con el duelo que recorría al movimiento obrero. Pérez Millán era, para el diario de Natalia Botana, un "cobarde criminal". Con ágiles reflejos, la FORA declaró una huelga general por tiempo indeterminado ese domingo al mediodía, apenas se conoció la muerte de Wilckens. La otra central sindical, con mayores afiliados, la USA (Unión Sindical Argentina), imitó los pasos de la entidad anarquista y se sumó al paro.

En la Prisión Nacional, donde fue asesinado Wilckens, los presos se declararon en huelga de hambre y se negaron a realizar las tareas habituales. Mientras, un núcleo numeroso de anarquistas esperaba el cuerpo de Wilckens para despedirlo en alguno de sus locales. Quien seguía los pasos de cerca era el abogado Prieto, desde temprano comenzó los trámites para obtener el cuerpo. Pero llegó el domingo 17 de junio al mediodía y el cadáver permanecía en la morgue de Viamonte y Junín.

La conmoción que había intuido el presidente Alvear no fue resultado de la paranoia que a veces persigue como fantasma a los hombres del Estado. Sin embargo, sus decisiones no resultaron las acertadas para aliviar tensiones. Por orden del ministro de Justicia e Instrucción Cívica, Celestino Marcó, se escondió el cadáver de Wilckens. De la morgue, lo trasladaron al cementerio de la Chacarita, en un rincón ya preparado para ocultarlo. Todo ese movimiento impune se realizó a espaldas de los anarquistas, que esperaban el cuerpo del joven alemán, promesa del juez Carlos Martínez. Pero, tal como anunció *La Nación*, el lunes 18, fue el mismo juez quien había rechazado "el pedido de una central obrera ácrata para que le devuelvan el cuerpo".

El cuerpo no aparecía y el lunes las principales ciudades del país amanecieron paralizadas. El sindicalismo se había unido en repudio al asesinato. Los canillitas, adheridos al paro, solo ofrecían *Crítica*, una recompensa al trato que el diario eligió para el asesinato de Wilckens. La FORA lanzó una convocatoria para el martes 19, a las dos de la tarde en Plaza Once, por lo que el gobierno recogió el guante y daría respuesta. Así fue la lectura de la USA, que ese mismo lunes, a la tarde, levantó el paro. Se desunía la solidaridad por Wilckens y la cruzada la llevaría tan solo el movimiento libertario.

La policía, al mediodía de ese martes, ocupó la plaza con unos ciento cincuenta hombres de Infantería y Caballería. Habían salido bien preparados. Muchos de los militantes que llegaron a la plaza, al ver tamaño despliegue represivo, se dirigieron al local del gremio de panaderos, en Bartolomé Mitre 3270, en el barrio de Once, donde también funcionaba la FORA. La policía siguió los pasos de esos militantes y de un momento a otro, el local estaba rodeado del centenar de hombres al mando del comisario Alberto Paggi. La versión oficial adujo que buscaban prevenir el estacionamiento en la calle Mitre, entre Anchorena y Agüero. Entonces, como el que busca encuentra, minutos antes de las tres de la tarde comenzó el enfrentamiento, incluida una balacera.

Enrique Gombas, catalán y panadero, resultó muerto con dos balazos en el rostro y un tercero en el ojo derecho. El otro muerto fue Francisco Facio, vendedor de fainá. Del bando de las fuerzas represivas perdió la vida José Arias, con tres impactos en el estómago. El cadáver de Gombas tendría el mismo destino que el de Wilckens. Desaparecerá. Antecedentes de un *modus operandi* demasiado conocido décadas después. El nuevo conflicto, en vez de unir al sindicalismo, los dividió. En este caso, la FORA quedó sola en la lucha. Tan sola que días después, los gremios en huelga fueron de esa central obrera. Los de la industria de zapatos, los conductores de carro, los tabaqueros, los aceiteros, los cocheros de plaza, los ladrilleros, entre otros.

Los mosaístas y los obreros empajadores resultaron los más tenaces, en huelga varias semanas más. A fines de junio de 1923, el gobierno de Alvear podía disfrutar de cierto clima de triunfo. La reacción ácrata no produjo otro hecho violento, más que esa jornada del martes 19. La gestión del mandatario radical estaba por cumplir un año, agitado inicio para el reemplazante de Yrigoyen.

Al alumno con cariño

La primera decisión para proteger a Pérez Millán fue trasladarlo a la Penitenciaría Nacional y evitar así que pasara por la cárcel de Caseros, la misma que se había manifestado en solidaridad con Wilckens. La otra ayuda llegó en el momento de armar el relato para presentarse ante el juez. Según su testimonio, escuchó un ruido en una de las celdas y hacia allí se dirigió, resultado de los nervios generados por viejos traumas y recuerdos. Los ruidos venían de la celda de Wilckens, y entonces, el alemán proyectó una sombra en sentido horizontal sobre el cuerpo de Peréz Millán. Y sin saber si estaba bajo el poder alucinatorio o si realmente se encontraba bajo una amenaza, el joven militante de la Liga Patriótica cargó el Mauser y disparó.

En la Penitenciaría, Pérez Millán ocupaba una celda individual, rigurosamente custodiado. Lo llevaron oculto, como un preso común, para evitar ser reconocido y nunca hicieron público su nombre. La estrategia surtió efecto, fácil, ya que tenía todas las cartas a su favor. En octubre de 1924, el juez García Ramus le dio una condena menor, apenas ocho años. Le diagnosticó neurastenia debido a una serie de traumas en su pasado. Uno de esos traumas venía arrastrándolo de su experiencia en Santa Cruz. Otra estrategia de sus asesores.

El paso del tiempo jugó a favor de Pérez Millán. Muchos habían olvidado el caso y quizás ni siquiera se habían enterado del fallo. Sin embargo, alguien se enteró que en abril de 1925 fue trasladado al Hospicio de Las Mercedes, sobre la calle Vieytes, hoy conocido como el Hospital Borda. Los presos con síntomas de locura eran enviados a ese hospicio. Allí fue a parar el militante de la Liga Patriótica, y allí sería visitado por sus familiares y por el mismo jefe de la agrupación, Manuel Carlés.

Le asignaron el pabellón de enfermos mansos y su compañero de habitación fue José Eugenio Zuloaga, otro niño bien con problemas mentales. Era un sector para internados con dedicación especial, apartados de los enfermos comunes y de pocos recursos. En ese pabellón también estaba Esteban Lucich, un yugoslavo de 26 años que había matado al médico Francisco de la Vega. Apenas se le manifestó la locura, lo trasladaron al hospicio, donde se ganó el rótulo de loco bueno.

A Pérez Millán y Esteban Lucich lo separaban un pasillo y algunas puertas. A Lucich, el loco bueno, nada de eso le será impedimento para llegar a la celda del militante de la Liga Patriótica, al asesino de Kurt Wilckens.

Un profesor leninista

Esteban Lucich no se había olvidado de su trabajo al llegar al Hospicio. Con su joroba y su mirada perdida ofrecía limpiar las celdas, lustrar los zapatos, a cambio de unos pesos. El mismo trabajo que cumplía en la casa del médico Francisco de la Vega, antes de ultimarlo de un balazo.

Cuando Boris Wladimirovich visitó la celda de Lucich, no tuvo la intención de contratar sus servicios. El ruso sabía que en el Hospicio de las Mercedes estaba internado Jorge Ernesto Pérez Millán Temperley, también sabía qué celda ocupaba. Datos que había rastreado en el penal de Ushuaia, detenido desde 1919 por un robo a la agencia de seguros Perazzo. El ruso supo cooptar con facilidad a Lucich, "El loco bueno".

Boris Wladimirovich había llegado a Argentina en 1908 a los 30 años, luego de recorrer varias ciudades del mundo. Hablaba dos idiomas además de su ruso natal, el alemán y francés, y manejaba con facilidad el español. A los veinte años se casó con una rusa revolucionaria, y desde su casamiento, por el que renunció a su importante herencia, se entregó a una vida vertiginosa. Primero, en Rusia, salvando su vida en la revolución de 1905. Conocía pormenores del movimiento bolchevique, y por eso en una entrevista al diario *La Prensa* del 13 de junio de 1919, declaró que Lenin le parecía una persona inteligente y no así Trostky.

Su nuevo destino fue Suiza, sin su esposa y con el fracaso de la revolución a cuestas, se aferró al alcohol, adicción que le generará graves problemas de salud. En Zúrich, aprovechó su título de médico y biólogo para asumir una cátedra. Pero su trabajo en la docencia duró poco, fue la única oportunidad en que utilizó sus estudios universitarios. Emparentado con las ideas libertarias, lector, escritor de ensayos y de tres libros de sociología, rumbeó hacia Argentina, en 1908.

El primer lugar en el país fue Santa Fe para luego subir aún más por el mapa argentino y llegar a Chaco, donde vivió cuatro años y medio. Su vida allí resultó tan adversa como dispersa. Se dedicó a explorar la zona del Chaco, recorriendo esteros y otras zonas geográficas. Su vicio por el alcohol y su malestar económico pronto agotaron las posibilidades en esa región. Con el estallido de la Primera Guerra Mundial, decidió nuevamente viajar y así llegó a Buenos Aires.

Mientras la ciudad entera se concentraba en las pizarras de los diarios esperando noticias de la Gran Guerra, Boris Wladimirovich recorría locales anarquistas dando conferencias y charlas. En poco tiempo, había conquistado un prestigio de intelectual, erudito y conocedor de varios idiomas y profesiones. También se dedicó a la pintura, aunque pocos pudieron apreciar sus cuadros.

En Buenos Aires había encontrado un sinfín de actividades y fue en donde pudo vivir con mayor holgura. Incluso, en la gran ciudad se le había ocurrido abrir un periódico anarquista que entre otras cosas, seguiría las vicisitudes de la Revolución Rusa, a dos años del triunfo bolchevique. Pero un hombre pragmático como Boris Wladimirovich no toleraba las improvisaciones. Con el objetivo de abrir el periódico, buscó asociarse a otros anarquistas. La idea era conseguir financiamiento, y la manera, un asalto. Sus socios fueron el Negro Cheli, viejo conocido de la Semana Trágica, ambos pudieron escapar de los cazadores de la Liga Patriótica. El tercero será Andrés Babby, también ruso, tenedor de libros y compañero de habitación de Boris Wladimirovich, en una pensión de Corrientes al 1900. Ambos se sumaron al profesor ruso.

Y la agencia de cambios "Perazzo", en Rivadavia 347, en el barrio de Chacarita, fue el blanco elegido de la pequeña banda. El

19 de mayo de 1919, el día. Los cálculos de Boris Wladimirovich se estaban dando como lo habían planeado, Perazzo llegó con la valija para el pago, a metros de la esquina de Jorge Newbery y Lemos. Pero cerca, advirtieron a un policía, y el plan perdió el rumbo. Boris y Cheli lograron subir al auto y escapar. Andrés Babby, en cambio, no logró escapar y resistió hasta la última bala, matando a un policía e hiriendo a otro.

El mismo 19 de mayo comenzó la persecución a los otros dos asaltantes. Primero dieron con Cheli, pero la detención de Wladimirovich demoró casi un mes. La redada se inició en La Plata, encontrando dos valijas de su propiedad en manos de Miguel Agabros, uno de sus amigos en esa ciudad, repletas de panfletos y material anarquista. El 13 de junio finalmente dieron con el profesor ruso, en la localidad misionera de San Ignacio, con un pasaporte con el nombre de Efimio Kutach.

La figura del ruso reunía una atracción única, una suerte de precedente de Horacio Quiroga en ese pueblo misionero, con los bigotes de Nietzsche, un personaje que solo Roberto Arlt podrá imaginar pocos años después. Se corrió la versión de que hablaba varios idiomas y había sido profesor en Europa y que en Buenos Aires había dejado 24 telas, entre ellas un autorretrato. Mientras esperaba ser trasladado a los tribunales porteños, se volvió una figura exótica, a la que varios se acercaban para saciar la curiosidad. Incluso lo visitó el mismo gobernador de Misiones, doctor Barreiro. No podían incluir, en su canon de "delincuentes ácratas", a un profesor universitario capaz de empuñar un arma por sus ideas avanzadas. Antes del traslado a Buenos Aires, funcionarios de la provincia se sacaron una foto, todos posando con hidalguía, al lado del profesor libertario.

La misma sensación provocó Boris Wladimirovich al llegar a Buenos Aires. Habían capturado al ácrata más ilustrado de todos. Y por eso el doctor Ramón Gómez, ministro del Interior, y otros diputados radicales visitaron al profesor ruso, visitas de largas horas. En el poder judicial no generó el mismo sentimiento. Y en un disciplinamiento propio de la histeria, de inmediato prohibieron las visitas, recordando que pesaba la condición de incomunicado. Y en verdad, lo que molestaba era ese halo de fascinación que provocaba Boris Wladiminovich, imantando hasta los propios enemigos.

De parte de Wilckens

La justicia, con la sagacidad de esos abrumadores pasillos, se prestó a un tironeo que puso en juego la vida del profesor ruso. Luego de varias idas y vueltas entre el juez Martínez y la Cámara de Apelaciones, lo sentenciaron a prisión perpetua. Lo mismo para Andrés Babby, ambos compañeros en el penal de Ushuaia. Ambos a salvo de la pena de muerte.

Boris Wladimirovich ocupó el pabellón de presos comunes, custodiado con rigurosidad. Con el tiempo, la posibilidad de fuga resultaba imposible. Su salud se deterioraba año a año debido a la abstinencia y a los malos tratos, un sello del Estado argentino, gobierne quien gobierne. Le costaba movilizarse, su cuerpo le respondía cada vez menos. No así su mente. Y la estrategia, entonces, fue simular locura. Se lo veía cada vez más flaco, con un andar dificultoso y entonando canciones de su Rusia natal, llorando como un niño perdido en una época remota, antes, mucho antes de la revolución de 1905 y del triunfo bolchevique.

En septiembre de 1925, Boris Wladimirovich fue internado en el Hospicio de las Mercedes debido a sus síntomas de locura. Sabía que del otro lado del pabellón estaba Jorge Ernesto Pérez Millán Temperley, pero su cuerpo no le permitía llegar hasta ese pabellón. Fue allí que apareció Esteban Lucich, el loco bueno, habilitado a moverse por todo el hospicio.

El loco bueno se dejó cautivar por el profesor ruso, una mente lúcida en un cuerpo postrado. Debido a su deterioro, recibió visitas de viejos amigos que le llevaban frutas y abrigos. Simón Bolkosky y Timofey Derevianka fueron dos de esos amigos. El tercero, Eduardo Vázquez Aguirre, español y dirigente de la Sociedad de Resistencia de la Unión Tranviarios. Los tres conservaban importantes prontuarios como militantes anarquistas. Los tres lo visitaban con frecuencia. Entre los bolsos que le dejaron a Boris, se filtró un arma.

Y esa arma será la que usará el loco bueno, en la madrugada del 9 de noviembre de 1925, cuando irrumpió en la celda de Pérez Millán. Apenas unas palabras antecedieron al disparo contra el cuerpo del militante de la Liga Patriótica.

–Esto te lo manda Wilckens –dijo Lucich, y disparó.

Pasadas las cinco de la mañana del 10 de noviembre, Pérez Millán murió, la última muerte de la saga de sangre que había comenzado en Santa Cruz, cuando las tropas del teniente coronel Héctor Varela llegaron a imponer orden.

El juez Santiago no demoró en descubrir al posible asesino. En la lista de internados en el hospicio estaba Boris Wladimirovich. Y ayudó a cerrar el caso cuando descubrieron entre sus visitas, algunos nombres dignos de sospecha. Todo resultaba una conjetura posible pero a la vez imposible de demostrar. El profesor ruso nada decía, los tres amigos, Simón Bolkosky, Timofey Derevianka y Eduardo Vázquez Aguirre, detenidos a los pocos días, tampoco soltaron palabra. Lucich, por su parte, en cada interrogatorio ponderaba a "su amigo ilustrado que posee varios idiomas". Pero el juez finalmente consiguió un testimonio válido para cerrar la culpabilidad, un tal Alejandro Orselli, otro joven internado, que aseguró ver el recorrido del arma. Primero, cómo se la entregaron a Boris Wladimirovich y luego vio también cómo llegó a manos de Lucich. Todo había visto Orselli.

Alejandro Orselli era débil mental por lo tanto no servía para imputarlo. Sin embargo, para el juez resultó suficiente y culpó al profesor. Boris Wladimirovich fue detenido nuevamente y trasladado al penal de Caseros. Ya no tenía sentido llevarlo a Ushuaia, ni siquiera caminar podía.

Los últimos días de Boris Wladimirovich fueron un contraste con su vida, nómade e inquieto, ágil para apropiarse de conocimientos e idiomas. Murió al poco tiempo de regresar a un calabozo, en el penal de Caseros, con sus piernas inútiles y un cuerpo repleto de torturas y golpes. El mismo trato tuvo Esteban Lucich, en su lugar de reclusión. Ambos responsables de una de las últimas vindicaciones ácratas en Argentina. En este caso, en los pasillos de un hospicio y no a pleno luz del día y en la calle. Tal vez un símbolo de los nuevos tiempos del anarquismo, a puertas cerradas y sin la vitalidad de otras décadas. Quedaría la saga épica de Di Giovanni, consecuencia de su destreza aventurera más que del poder organizativo del movimiento.

Capítulo VIII

Un recuerdo navideño

La muerte ronda tu esquina

Como cada mañana, Gualterio Marinelli había llegado al taller de mecánica dental, en Brasil 811, cerca de las nueve y media. Esa mañana se mostraba nervioso, más que en sus otras visitas. Salía a cada rato para regresar a los minutos. Los otros tres empleados observaban ese andar nervioso y envuelto de intriga, sin demasiada preocupación. Pasada las diez de la mañana, Marinelli le pidió a Constantino Hernández que se fijara si había llegado el auto del presidente.

El joven Constantino, menor de edad y uno de los empleados del taller, le respondió que no, aún no había llegado el auto presidencial. Pasada las once de la mañana, Marinelli salió del taller y nunca más volvió.

Al rato, el barrio fue sacudido por una serie de balazos, en la calle Brasil entre Tacuarí y Bernardo de Irigoyen. Los empleados del taller de mecánica dental salieron a la calle luego de finalizada la balacera. Al aproximarse al frente de la casa de Brasil 916, descubrieron que el hombre muerto, con cinco balazos en su cuerpo, era el antiguo propietario del taller, Gualterio Marinelli.

A un costado, el auto del presidente de la República con sus puertas baleadas. En ese momento descubrieron la causa de los nervios de Marinelli, esa misma mañana, el día antes de Navidad. Había atentado contra el presidente Yrigoyen.

En los festejos de la nochebuena del año 1929, el barrio iría a comentar lo ocurrido en Brasil al 900. Una balacera, un muerto tirado en la vereda, dos heridos de bala y un presidente ileso. Otro atentado frustrado a un presidente argentino, en el mediodía del 24 de diciembre.

Cinco millones de libras

Pasada las once de la mañana, los custodios cortaron el tráfico de la calle Brasil al 1000, entre Bernardo de Irigoyen y Lima. En breve, el presidente saldría hacia la Casa de Gobierno, como cada día, a las 11 y 25 horas. Era el 24 de diciembre de 1929, un martes caluroso y sin noticias de trascendencia. La portada del diario *La Nación* anunciaba que Londres habilitaba un crédito de cinco millones de libras para el gobierno argentino, y a su vez advertía que la cosecha de trigo no alcanzaría al 50% de las cifras del año anterior. El presidente Hipólito Yrigoyen salió de su casa, en Brasil 1039, acompañado por el doctor Osvaldo Meabe. Arrancaron por Brasil, hacia Bernardo de Irigoyen. En esa esquina solían reunirse curiosos y otras tantas personas para entregarles cartas y pedidos al presidente, entre ellos muchos empleados públicos por demanda de trabajo. Era una esquina con custodiada reforzada. Detrás, lo seguía el auto *vitourette* de custodia, conducido por Manuel Guerrero, junto a los comisarios Leopoldo Flores y Orestes Cansanello.

A mitad de cuadra, apenas cruzaron Bernardo de Irigoyen, desde el umbral del Hotel Tigre, en Brasil 924, salió un hombre con movimientos tan nerviosos como rápidos, en dirección al auto presidencial. El hombre, con el pelo revuelto y sin sombrero, sostenía un arma en la mano derecha, temblando y a la vez decidido. El primer disparo dio en el cristal de la portezuela de la derecha, sobre el asiento del doctor Meabe. El vidrio se hizo añicos pero no logró herir al doctor. El segundo disparo fue a baja altura sin siquiera perforar la puerta.

El comisario Alberto Pizzia saltó desde el pescante del auto de custodia para sujetar al hombre. Pero no llegó a su destino, el agresor le dedicó su tercer balazo. El comisario cayó herido en el abdomen, sobre la calle Brasil. Entonces, el agresor volvió a disparar contra el auto presidencial los dos últimos proyectiles. Uno dio en el guardabarros y el otro a metros del tanque de nafta. Se terminó la suerte para Gualterio Martinelli, llegó el turno del retroceso.

Sin balas en su arma, retrocedió hasta un auto donde parapetarse. Llegó el turno de la respuesta. El primer disparo vino del chofer del auto presidencial, Manuel Guerrero, y dio en el cuerpo de Martinelli. Ese primer disparo lo volteó contra la vereda, en la puerta de la casa de la familia Romero y Fernández, en Brasil 916. Los que rodeaban al presidente fueron contra el agresor. Primero le pisaron la muñeca para sacarle el arma, un calibre 32 corto. Entonces, llegó otra cantidad de disparos contra Martinelli, desde todos los rincones y con todas las armas. Se calculó que le dedicaron más de veinte disparos, muchos terminaron en las fachadas de las casas y los locales de la cuadra. Otros cinco se alojaron en el cuerpo del hombre.

Un charco de sangre corría alrededor de su cuerpo, sobre la vereda. A metros, el comisario Pizzia continuaba tirado en la calle, aquejado por el balazo en el abdomen. De a poco, los vecinos salían de sus casas para ver lo ocurrido. También el presidente, que quiso acercarse al cadáver pero sus custodios se lo impidieron, sin mediar una segunda alternativa. Por decisión del jefe de la custodia, el comisario Orestes Cansanello, el auto presidencial siguió por Brasil hasta la calle Piedras. En ese rincón del barrio de Barracas, Hipólito Irigoyen se cambió de auto, pasó a uno de alquiler que pasaba por la calle Piedras, con rumbo a la comisaría 16ª. La idea era alejarlo del escenario.

El charco de sangre dibujaba un surco desde la vereda hacia la calle, mientras el personal de Asistencia Pública se hacía presente para atender a los heridos. En ese momento, descubrieron un tercer herido, se trataba del agente Carlos María Sicilia, quien cumplía órdenes en las esquinas de Brasil y Giarello y que terminó con una bala en su pierna. Nunca se supo quién lo hirió ni tampoco lo dieron a conocer. Era muy posible que el disparo haya salido de la balacera que le destinaron al agresor.

El cuerpo de Marinelli fue llevado a la comisaría 16ª. No había dudas de que estaba muerto. En la persiana del local "Academia Moreno", en Brasil 908, se veían otras tantas perforaciones de balas. Lo mismo en la casa de la familia Romero y Fernández, donde yacía el cuerpo, atracción por un rato de los vecinos del barrio y algunos militantes radicales, que enterados del caso se acercaron para saber del presidente.

En la comisaría también se agolpó una importante cantidad de personas, para observar el cadáver de Marinelli. Lo habían dejado en un lugar visible y al aire libre. En un momento, se calculaba que se concentraron más de trescientas personas, dentro y fuera del destacamento.

Mientras tanto, otros agentes traían a un sujeto, detenido a unas cuadras. El sujeto era Ángel Miranda y el agente Martín Luis Piccinini, al verlo huir del lugar ante los primeros disparos, salió tras su búsqueda. Al ser detenido, a cuadras del atentado al presidente, la gente lo rodeó para darle una golpiza. Fueron los agentes los que lo salvaron del linchamiento y de un castigo mayor. De inmediato lo trasladaron a la comisaría 16ª y fue liberado ese mismo día. Ángel Miranda era empleado de la Dirección de Navegación y Puertos, de 33 años y oriundo de Banfield, y declaró que había huido por miedo ante tanto tiroteo. Por ese temor a los balazos terminó con el cuerpo repleto de moretones, y así de dolorido, abandonó la comisaría. Al menos, la nochebuena la pasó en libertad.

Sirenas en la tarde

La misma tarde del 24 de diciembre, los diarios de Buenos Aires y de las provincias hicieron sonar sus sirenas anunciando el nuevo atentado a un presidente argentino. El presidente no quiso alterar su rutina y por eso su intención era regresar lo ante posible a la Casa de Gobierno. Hipólito Irigoyen aún permanecía en la comisaría 16ª cuando llegó el cadáver de Gualterio Marinelli.

—A ese hombre lo vi ayer —dijo el presidente, frente al cadáver, lamentándose de esa muerte. Aún desconocía que Marinelli trabajaba en un taller de mecánica dental, a metros de su casa.

Al enterarse de los dos heridos, el presidente ordenó que lo trasladaran al Hospital Rawson, a visitar al comisario Pizzia y al agente Carlos María Sicilia. Cuando Yrigoyen asumió por segunda vez la presidencia del país, eligió los mismos hombres que en la gestión anterior para su custodia personal. Uno de ellos había sido el comisario Pizzia, junto a Leopoldo Flores, un comisario ya jubilado de la provincia de Buenos Aires, todos ellos bajo las órdenes de Orestes Cansanello. Hombres de absoluta confianza y que vivían en el mismo barrio del mandatario.

El comisario Pizzia tuvo una carrera auspiciosa en la gestión radical. Había ingresado a la policía en 1920, con 37 años. En poco tiempo llegó al cargo de comisario, de la mano de Yrigoyen. Las fiestas del año 1929 las pasó internado en una cama del Hospital Rawson. Su diabetes le impidió una recuperación pronta, de hecho, su salud empeoró los días posteriores a recibir el disparo de Marinelli. La recuperación del agente Sicilia, que cumplía función en la esquina de Brasil y Giarello en el momento del atentado, no tuvo adversidades. Su herida era en la pierna y en breve le dieron el alta.

A las dos horas del atentado, el presidente finalmente se trasladó a la Casa de Gobierno. Cuando estaba llegando, pasadas las 13 y 30 horas, numerosas personas de forma espontánea lo esperaban para saludarlo, sobre la avenida Paseo Colón. Ante el paso del auto presidencial, la muchedumbre entonó el Himno Nacional. Y al rato, el presidente complació esa presencia y salió al balcón de la calle Paseo Colón, para un saludo austero y breve. Cerca de las 17 horas, tenía decidido regresar a su casa, al lugar del atentado. Antes de despedirse de su despacho, lo visitó el presidente de la Corte Suprema de Justicia, el doctor José Figueroa

Alcorta, víctima de un atentado cuando ocupaba la presidencia de la República en 1908. También había salido ileso y el atentado también había sido en su casa particular.

En otras partes de la ciudad, desde las tres de la tarde comenzaban las detenciones, bajo las órdenes del subcomisario Juan Garibotto, a cargo de la sección Orden Social de Investigaciones. Lo primero que se allanó fue el taller de la calle Brasil. Ocupaba una habitación en el fondo del edificio, de unos 16 metros cuadrados. Solo le encontraron libros de literatura clásica y de autores ácratas.

Luego, llegó el turno del entorno familiar de Marinelli, y todos ellos desfilaron por la comisaría 16ª. Fortunato Marinelli, hermano de Gualterio, aprovechó el paso involuntario por la entidad policial para aclarar que Antonio Marinelli no era el autor del atentado tal como se informaba en algunos diarios. Su hermano Antonio había muerto en Montevideo, cuatro años atrás.

Los otros detenidos fueron los sobrinos de Gualterio y su esposa Ana Blanco, con quien compartía una casa en Bernal, partido de Quilmes, en la calle de San Martín al 100, cerca de la estación de trenes. Se habían casado en 1916 y tuvieron tres hijos, Themis (10), Ariel (8) y Gloria (6). Fortunato Marinelli dio un panorama preciso del agresor, aunque siempre se mostró sorprendido por el atentado. Declaró que nunca había demostrado un odio contra el presidente Yrigoyen. Incluso, el domingo anterior habían compartido un almuerzo en la casa de Fortunato, en Villa Domínico, y jamás advirtió de sus intenciones.

Los familiares conocían su intenso compromiso con el anarquismo, tanto en Buenos Aires como en Montevideo, aunque en la actualidad se había alejado de esos círculos. Había sido detenido años anteriores estrenando un número de prontuario, el 9475. Los tres hermanos vivieron unos años en Uruguay, los tres militantes anarquistas. Fortunato llegó a ser secretario general de la Federación Obrera Marítima y por esos días, era redactor de la sección obrera de un periódico.

Desde el mismo día del atentado, la policía detuvo a varios anarquistas con posibles vínculos con Marinelli. La pesquisa estuvo a cargo de la sección de Orden Social de Investigaciones, bajo las órdenes del comisario Juan Garibotto. En breve, constataron que hacía rato había abandonado los vínculos ácratas, tal como habían declarado sus familiares. A las pocas horas, la mayoría de los detenidos quedaron en libertad.

La esposa de Marinelli dio un testimonio que agregó mayor confusión al caso y que abrió a una segunda hipótesis sobre el atentado. El viernes 25, al mediodía, un día después del atentado, recibió en su casa una caja con pollos, frutas y otras golosinas, que su esposo había comprado días atrás. La compra había sido para los festejos del día de Navidad.

La segunda versión sostenía que Marinelli se había acercado al auto presidencial para acercarle una carta y los custodios de Yrigoyen en la confusión, le dispararon creyéndolo un posible agresor. Esta nueva versión no permite entender cómo el auto presidencial terminó baleado, lo mismo los dos policías.

El vecino progresista

El 1º de abril de 1928, la fórmula radical Hipólito Yrigoyen-Francisco Beiró ganaba las elecciones presidenciales. A los 76 años, el líder radical asumiría por segunda vez la presidencia, récord que solo Julio Argentino Roca había cumplido. A las semanas, Gualterio Marinelli alquilaba un taller en Brasil 811, en pleno corazón de Barracas. Hacía unos años que Marinelli trabajaba de mecánico dental. A dos cuadras, en una casa modesta, vivía Hipólito Yrigoyen.

Hijo de Alejandro y Celestina Bevilacqua, Gualterio Marinelli había nacido en Italia en agosto de 1885 y llegó al país en 1905. Con 22 años se mudó a Montevideo, junto a sus dos hermanos, Fortunato y Antonio. Apenas arribó a tierra oriental, se comprometió con la causa anarquista. Fueron mudándose de lugares, siempre los tres hermanos, trabajando en diferentes empleos. A fines de 1912, asentado en una casa de la calle Durazno, en pleno centro de Montevideo, Gualterio participaba del grupo ácrata

Nueva Era. Fue en esos días cuando cayó preso por un atentado a un hotel, en el barrio montevideano de Pocitos.

Al año siguiente, ingresó al Círculo de Fomento de Bellas Artes, en Montevideo, mientras trabajaba de peluquero. Pero el dibujo no era su fuerte y al poco tiempo dejó esos estudios. Si para el dibujo no demostró grandes habilidades, sí se destacó en sus conferencias sobre anarquismo. A partir de las charlas, se volvió una figura conocida en el ambiente político, tanto para los anarquistas como para la policía.

Sus dos hermanos acompañaron su compromiso libertario. Antonio trabajó de pintor y llegó a ser secretario de ese gremio. Murió en 1925, en Montevideo, cuando sus dos hermanos ya habían regresado a Buenos Aires. Fortunato también llegó a ser secretario general de la Federación Obrera Marítima, fiel a las ideas ácratas. Pero sin dudas, el protagonismo lo concentraba Gualterio, debido a su lucidez intelectual, algo que continuó una vez que regresó a Argentina. El paso del tiempo desgastó la energía de Gualterio. Primero la salud. Una vez en Argentina, contrajo tuberculosis, a la vez que había cambiado de profesión. Abandonó la peluquería por un taller de mecánica dental.

Finalizaba la década del veinte y el anarquismo había perdido su fuerza política y sus influencias. Una nueva camada de militantes reemplazaba a los viejos anarquistas, pero sin el poder de convocatoria de otras décadas. Gualterio Marinelli, cansado del trajín de tiempos anteriores se fue alejando del movimiento ya que esas ideas, según había confesado a sus amigos, "debían preocupar ahora a la gente joven". Un signo de esos tiempos, la militancia ácrata estaba en manos de una nueva generación.

Hacía varios años que Marinelli vivía en una cómoda casa del barrio de Bernal, que se componía de tres habitaciones, un jardín al fondo y otras dependencias. Sus vecinos lo recordaban como un hombre honesto y tranquilo. Incluso, cuando interrogaron a algunos de ellos, dijeron que Marinelli fue uno de los fundadores de la Asociación de Fomento local. Sus actividades sociales también habían mutado.

Pedro Espínola, un vecino dispuesto a dar un testimonio al diario *La Prensa*, dijo que Marinelli "era un vecino progresista de Bernal y un excelente padre de familia". Algo parecido declararon otros vecinos, que nada tenían que sospechar y que nunca se había mostrado violento y mucho menos con odio al presidente. Incluso a Espínola le había prometido arreglarle su dentadura ese domingo 29.

La Corporación Profesional de Protésicos Dentales también conocía a Marinelli desde su fundación. Días después del atentado, repudió el hecho pero a la vez se encargó de aclarar que Gualterio Merinelli había sido "un hombre de carácter afable y bondadoso e incapaz de un acto de violencia como el que se le culpa". Por eso, en el siguiente número la revista *El protésico dental* decidió homenajear a Marinelli.

Guerra y paz

El arma era un Iver Johnson, calibre 32 corto, sencilla, y la había comprado a principios de diciembre de 1929, unos veinte días antes del atentado. A su esposa le había dicho que la compró para protegerse, luego de un asalto que sufrió a cuadras de su casa en Bernal. A pesar de que el asalto había sido un año atrás de la compra, Ana Blanco no sospechaba del motivo de poseer un arma. Lo que nunca le dijo a su compañera era que todos los domingos iba a la Isla Maciel a probar puntería.

Tampoco le dijo ni a su compañera ni a su hermano Fortunato que había vendido el taller de mecánica dental. Alberto Colmegna, uno de los empleados del taller, con 21 años fue quién se lo compró, a mediados de noviembre de 1929. A pesar de la venta, todos los días visitaba el taller, durante las mañanas, por eso la familia de Marinelli ni sospechas tenía de la transacción.

El 24 de diciembre, como todas las mañanas, llegó al taller de mañana. Su preocupación se concentró, durante las horas que permaneció en el local, en los movimientos de la casa del presidente Yrigoyen. Luego, el atentado, la balacera y la muerte de Gualterio Marinelli.

La misma tarde del atentado, al rato del allanamiento, el entorno de Marinelli se enteró de la venta del local y del destino del arma. Por su parte, la policía, en ese mismo momento, sugirió la posibilidad de que Marinelli estuviese demente. Los familiares apoyaron esa idea, ya que el taller generaba réditos económicos y jamás pensaron en una posible venta.

En la casa, la policía no descubrió información ni elementos comprometedores. Mucho menos de una organización detrás que acompañara el atentado. Otro fue el resultado en el allanamiento del taller de la calle Brasil. En uno de los cajones, encontraron una carta dirigida a Ana, su compañera. En la carta le advertía la posibilidad de perder la vida en un hecho a concretarse pronto. "Lo que tengo depositado en el Hogar Obrero, las cuotas abonadas a La Financiera, sociedad de Seguros y todas las cuentas a cobrar, son tuyas; en fin, todo lo que era nuestro, te pertenece, esa es mi voluntad", había escrito Marinelli, concluyendo esas líneas dedicadas a Ana.

Entre las pertenencias encontradas en el taller, también había una carta de los internos del Hospital José María Penna. La carta reclamaba al presidente Yrigoyen que reincorporara a un médico del hospital, y la tenía Marinelli sabiendo que trabajaba a una cuadra de la casa del mandatario. La carta se la habían dado cuando él estuvo internado, en una de sus tantas afecciones por tuberculosis. La carta nunca fue entregada a Yrigoyen y aún permanecía en uno de los cajones del taller.

En el local de la calle Brasil había instalado una biblioteca, un escritorio y dos estantes con los elementos de su trabajo. Entre los libros encontrados, estaban los dos tomos de *Guerra y paz*, la novela de Tolstoi, editada en 1865, la lectura reciente de Marinelli.

El comisario del pueblo

Cuando el 1º de julio de 1896 se conoció el suicidio de Leandro N. Alem, se sabía que el joven dirigente Hipólito Yrigoyen sería el nuevo líder radical, quien continuaría la lucha por renovar las prácticas electorales. Yrigoyen, además de sobrino de Alem, se había formado a su lado, ambos fundadores de la Unión Cívica Radical en 1891.

Su carrera como abogado se vio varias veces interrumpida por la necesidad de trabajar en empleos varios. Su familia pertenecía a una clase media modesta, con las oscilaciones propias de fines del siglo XIX. Nació y se crió en el barrio de Balvanera, donde fue comisario de la parroquia. El mismo Domingo Faustino Sarmiento lo nombró presidente del Consejo Escolar de ese barrio porteño.

A pesar de contar con el aval de Sarmiento, al poco tiempo y de la mano de Leandro Alem, entregó su compromiso político en contra de los gobiernos conservadores que comenzaron en 1880. En 1890 sería su bautismo de fuego, el 26 de julio, durante la llamada de Revolución del Parque. El gobierno de Juárez Celman, cuñado del mandamás Julio Argentino Roca, debía costear una crisis financiera en medio de crecientes denuncias de corrupción. Su inoperancia dio lugar a una rebelión de sectores de clase media, encabezadas por Alem, líder de la entonces Unión Cívica. La revolución tuvo como centro la ciudad de Buenos Aires.

Desde las siete de la mañana de ese 26 de julio, los grupos rebeldes fueron concentrándose en esquinas y recovecos porteños. Yrigoyen y su grupo, armas en mano, coparon el cuartel del Parque de Artillería, a metros de la plaza Lavalle. A horas de la toma y esperando noticias de otras sublevaciones, cerca de las tres de la tarde comenzaron los combates. En el bando de Yrigoyen estaban también Juan B. Justo, Marcelo T. de Alvear y Lisandro de la Torre, auténticos protagonistas políticos de las primeras décadas del siglo XX. Otro de los rebeldes fue José Félix Uriburu, el general que en septiembre de 1930 iría a derrocar a Yrigoyen, su compañero de armas. Paradojas de ese movimiento revolucionario.

Los rebeldes, antes del inicio de la revolución, habían pasado por una mercería para comprar unas boinas de un mismo color, para identificarse entre ellos. Para la cantidad buscada, en esa mercería sólo había boinas de color blanco. Años después, esa situación azarosa, terminó siendo un símbolo del radicalismo.

Luego de días de combate en diferentes rincones de la ciudad, la mañana del martes 29 los rebeldes debieron rendirse. Tres días de enfrentamiento habían dejado la plaza Lavalle cubierta de sangre, lo mismo que otros rincones de la ciudad. La revolución del Parque se llevó 150 muertos y la renuncia del presidente Juárez Celman.

En la primera tanda de detenidos cayó Hipólito Yrigoyen, deportado de inmediato a Montevideo, junto a otros rebeldes. Era la primera y única vez que pisaba un país extranjero.

Sangre obrera

Una vez de regreso a Buenos Aires, Hipólito Yrigoyen participó de nuevas rebeliones, en 1896 y luego en 1905, erigiéndose en el líder de una oposición que el mismo establishment quiso legitimar después. Lo que no ocurría con el movimiento obrero y menos con el anarquismo. El trato a los detenidos de las rebeliones radicales resultaba abruptamente diferente al trato ofrecido a los anarquistas.

La presidencia de Roque Sáenz Peña, con sus intenciones de renovar las prácticas electorales, condujo al radicalismo hacia un camino de oposición moderada. Con un liderazgo indiscutido dentro de las filas radicales, Hipólito Yrigoyen asumió la presidencia el 12 de octubre de 1916, el primer presidente elegido bajo la ley de Sufragio Universal.

En los seis años de gobierno, le tocó atravesar un sinfín de adversidades, ya desde sus primeros días. Al asumir la presidencia, las consecuencias de la Primera Guerra Mundial se hicieron sentir en el país, debido a las presiones de los aliados para que Argentina depusiera su neutralidad. Posición que Yrigoyen mantuvo a pesar de los costos.

La Gran Guerra también se hizo sentir por cierta recesión económica, lo que derivó en un movimiento obrero hostil, que Yrigoyen manejó con ambigüedad y, muchas veces, con poca destreza. Si bien legisló la jornada laboral de ocho horas y ubicó al Estado como negociador entre patrones y obreros, su primera presidencia cargó una importante cantidad de trabajadores muertos. Al mes de su asunción, se desató una huelga de obreros marítimos que paralizó la actividad en el puerto. El presidente radical logró mantener a la policía alejada del conflicto, lo que evitó muertes.

Pero ese gesto no se repitió en las huelgas de ferroviarios de 1917, que comenzaron en junio y que en septiembre tuvo su mayor pico de tensión. Durante ese mes, la protesta frenó durante tres semanas el funcionamiento de los trenes. El encuentro entre las fuerzas policiales y obreros terminó con seis muertos. Pero habría más huelgas y más muertos. A fines de 1917, entraron en huelga los trabajadores frigoríficos, una protesta que perjudicaba a los sectores poderosos del país y al ingreso de divisas. Allí el gobierno radical mostró el límite de su tolerancia. A fines de noviembre, los frigoríficos de Berisso quedaron paralizados y entonces mandó numerosas tropas policiales para retomar las actividades. Lo mismo ocurrió en Avellaneda. No hubo lugar para el diálogo.

Apenas se inició el año 1919, el actual barrio de San Cristóbal, resultó el escenario de uno de los hechos más trágicos del movimiento obrero, bautizado con el nombre de la Semana Trágica. Una huelga en los talleres Vasena derivó con una represión policial, con la colaboración *ad honorem* de la Liga Patriótica, un grupo parapolicial católico, nacionalista y xenófobo. Según las fuentes varía la cantidad de muertos, que se calculó entre doscientos y setecientos muertos. Ya los muertos de la gestión de Yrigoyen comenzaban a contarse de a centenas.

Lo mismo ocurrió en la compañía La Forestal, imperio británico de los quebrachales que se extendía desde el norte de Santa Fe al chaco salteño. Un conflicto que se desató en 1919 y se prolongó durante más de dos años. La cantidad de víctimas se desconoce hasta hoy, pero también se contó de a centenares. En las jornadas de la llamada Patagonia Trágica, el número de los muertos también dependía de las fuentes, pero osciló alrededor de los mil quinientos. Una jornada que exponía un fin de gestión con una actitud ambigua. Y sin dudas, un manejo ineficaz de las tropas represivas.

El anarquismo sindicalista, nucleado en la FORA V Congreso, no dudó en ubicar a la gestión radical en el blanco de las condenas. Y el mismo gobierno de Yrigoyen se mostró hostil con los gremios de esa central obrera.

El atentado de Marinelli pareció una reacción demorada por todas las víctimas obreras que hubo durante la primera gestión del viejo comisario del barrio de Balvanera. Su muerte, con cinco balazos en el cuerpo y echado en la vereda, parecía una exposición de fuerzas de ambos bandos. Un precario intento de asesinato respondido con una balacera desmedida por parte de las fuerzas del Estado. Días después del atentado, lo velaron en la casa de un pariente, en la calle Honduras al 4100, apenas un pequeño grupo de parientes. No hubo reivindicaciones desde el anarquismo ni tampoco militantes del movimiento en el velorio.

Capítulo IX

El romance del anarquista y América, de cómo quedó trunco...y unas cuantas cosas más

> ¿Cómo puedo ponerme a escribir lo que le ocurre a
> Di Giovanni cuando estoy navegando contra boludos?
> ¿Cómo subirte en los sueños, si vienen los boludos
> y te despiertan a cascotazos?
> *Leonardo Favio*

Creo que he molestado bastante

Eran las tres de la mañana. Sonó el teléfono y Osvaldo Baycr imaginó quién era.

–Venite, Osvaldo, que ya tengo la escena del fusilamiento –dijo la voz entusiasmada de Leonardo Favio.

El fusilamiento había existido, el 1º de febrero de 1931. Y el fusilado, Severino Di Giovanni, el anarquista italiano condenado a pena de muerte por el gobierno militar del general Uriburu.

Acumulaba una serie de acusaciones desde mediados de la década del veinte. Atentados al Consulado italiano, al comisario Eduardo Santiago y al vapor Aipé, una cantidad de robos a bancos y a otras entidades financieras.

Ese 1º de febrero de 1931, a las cinco de la mañana, una multitud se agolpaba en las puertas del Servicio Penitenciario Nacional. Algunos por mero trabajo, como Roberto Arlt, corresponsal del diario *El mundo,* o Enrique González Tuñón, de *Crítica.* Otros llegaron al lugar para no perderse un episodio épico nacional, como el barón De Marchi, presidente dil Dopolavoro, una asociación de obreros fascistas, o Luis Roque Gondra, presidente de la Acción Católica Argentina. Y otros se arrimaron por el espectáculo mismo, como el actor José Gómez, que pedía entrar a los gritos "¡abran, en nombre del arte!". Al ingresar, todos ellos descubrieron una escenografía armada, inédita casi. El banquillo para la ejecución, el lugar para los ejecutantes, y al costado, el pasillo que conducía hacia el galpón abierto y completamente oscuro, donde esperaba Di Giovanni.

De un momento a otro, el ácrata italiano apareció en el pasillo de la Penitenciaría, con un traje azul de mecánico. Llegaba con pasos cortos y agotados, como luego de un peregrinaje. Los grilletes le pesaban pero sobre todo, las torturas recibidas de manera consecutiva desde el 29 de enero hasta el primer día del mes de febrero. Minutos atrás había escuchado el informe de la sentencia, en dos lecturas consecutivas de parte del secretario del tribunal.

Luego, la multitud, los pasos torpes al banquillo, la espalda echada contra el respaldo del sillón. Con el cuerpo tieso, la mirada firme, sería Di Giovanni ahora, quién contemplaría los preparativos de su propia muerte. Había pedido que no le pusieran la venda en los ojos para observar a cada uno de los soldados del pelotón de fusilamiento y a algunos de los presentes.

Antes que el jefe del pelotón bajara la espada, antes de recibir en su cuerpo los ocho balazos, antes de que el presidente de la Acción Católica se desmayara con el fogoneo del fusilamiento, Severino Di Giovanni se dio el último gusto, el último gesto de rebeldía:

−¡Evviva l'anarchia!

El cuerpo de Di Giovanni quedó volteado hacia su izquierda, el respaldo del banquillo un conjunto de astillas, y de los diversos rincones irrumpió un aullido feroz y solidario, eran sus compañeros de la Penitenciaría.

Esa noche, a las tres de la mañana, Osvaldo Bayer acató el pedido y salió hacia la casa de Leonardo Favio. Durante más de dos horas, el director de cine reprodujo la caída épica de Di Giovanni, cuatro década después del fusilamiento.

Las mañas del Estado no habían cambiado. A fines de 1973 el general Lastiri, presidente interino, prohibió la imprescindible biografía de Osvaldo Bayer sobre el ácrata italiano. El proyecto de Favio quedaría postergado y Severino Di Giovanni sin su merecida película.

Una cuestión de ideología

Severino nació el 17 de marzo de 1901 y por una cuestión de años, no le tocó formar parte del ejército italiano que marchó hacia la Primera Guerra Mundial. Su familia había nacido en la región de los Abruzos, a unos 180 kilómetros de Roma. Ejerció la profesión de maestro desde los 17 años, debido a que no había hombres en la región y a que él sabía leer y escribir. Todos los adultos permanecían en las trincheras europeas. A la par, aprendía el trabajo de tipógrafo y leía los clásicos de la literatura ácrata. Se estaba formando el militante anarquista.

La última semana de octubre de 1922, las calles de Roma se tiznaron de un solo color: el negro. El fascismo, con la violencia como método y el apoyo de la burguesía del norte italiano, llevó sus militantes a la calle, una prueba de fuerzas para debilitar al gobierno democrático de Luigi Facta. La Marcha sobre Roma, tal como se le llamó, fue el primer capítulo en la toma de poder de Benito Mussolini. El Duce, ya con el Estado en sus manos, desplegó su fuerza represiva contra todo atisbo opositor. Severino, entonces, en 1922 decidió abandonar Italia. Antes de irse, se casó con su prima Teresina Masciulli.

Los cuatro hermanos Di Giovanni también eligieron irse de su pueblo natal, ese mismo 1922. Alejandro rumbeó a Francia, José y las dos hermanas se quedaron en Villamagna, en la pro vincia italiana de Chieti. Severino y Teresina Masciulli, esposa y prima a la vez, eligieron Brasil. En San Pablo nació su primera hija, Laura, mientras él trabajaba en las plantaciones de maíz. Luego de un regreso efímero a Italia, Severino y su familia llegaron a Buenos Aires, en mayo de 1923.

Dos años después, conocería por primera vez una cárcel argentina. Las noticias que llegaban de Italia le daban la razón sobre el plan avasallante de Mussolini. El gobierno radical de Marcelo T. de Alvear se había mostrado displicente con el nuevo mandatario italiano. Los gestos de amistad se repetían, acompañados de elogios de parte de la prensa argentina. Uno de esos gestos tuvo ocasión el sábado 6 de junio de 1925, en el 25° aniversario de la asunción del rey Víctor Manuel III.

El gobierno nacional desplegó sus galas en uno de los escenarios predilectos de la familia Alvear, el Teatro Colón. El embajador italiano en Buenos Aires, Luigi Aldrovandi Marescotti, llegó escoltado del presidente Alvear junto a su esposa Regina Pacini, la afamada cantante lírica que decidió retirarse de la actuación para entregarse a su rol de primera dama. En los lugares privilegiados del teatro, esperaban parte de la Italia rica, orgullosa del Duce en el poder. Y dispersos en otros rincones, jóvenes camisas negras se hicieron presentes para evitar cualquier tipo de disturbios.

También, disperso en algún rincón oscuro del Teatro, Severino Di Giovanni y un grupo de compañeros observaban la parafernalia oficial. Primero, escucharon impávidos el Himno Nacional. Luego, llegó la marcha real italiana. Los acordes de la marcha real fueron acompañados por el susurro orgulloso de los italianos, los jóvenes fascistas y el entorno del cónsul. En ese momento, desde el sector del Paraíso llegaron los gritos desafiantes:

—¡¡Asassini! ¡Ladri! ¡Matteoti!

Luego de los gritos, los volantes con consignas antifascistas cubrieron el cielo del Colón. La música continuaba sin alteraciones, pero en un sector del teatro se desataron los primeros enfrentamientos entre los jóvenes fascistas y el grupo de Di Giovanni. La marcha real italiana había terminado y los jóvenes camisas negras junto con algunos policías despachaban a los revoltosos a las afueras de teatro.

El líder, el mentor de ese gesto rebelde, Severino Di Giovanni, era arrastrado mientras gritaba "¡Evviva l'anarchia!". De los diez detenidos, solo Di Giovanni confesó su anarquismo, argumentando que quiso denunciar las "fatales consecuencias que tendrá el gobierno del señor Mussolini". Era su bautismo de fuego en Argentina. Otra escena que Leonardo Favio se perdió de filmar.

El romance del anarquista y América

Desde mayo de 1920, la detención de los italianos Sacco y Vanzetti mantuvo alerta a las organizaciones anarquistas del mundo. Estaban acusados de la muerte del pagador de banco Frederick Parmenter y de su custodio Alessandro Berardelli, en el pueblo de South Braintree, el 15 de abril de ese año. Cuando llegó el turno de los juicios y las acusaciones, se vio claramente el capricho del Estado por acusar a los italianos de las dos muertes, en una irregularidad violenta.

Años anteriores el estado estadounidense había elegido como blanco a otro anarquista italiano, Luigi Galleani, mentor de la acción violenta, experto en bombas y autor de atentados varios en el país. En junio de 1919 dieron con él y lo deportaron a Italia, por lo que se pensaba que se había terminado la acción ácrata. Sin embargo, quedaban seguidores de Galleani, entre ellos, Sacco y Vanzetti. Ellos reconocieron ser anarquistas pero lejos estaban de la responsabilidad en las dos muertes. La acusación formaba parte de la caza de brujas a militantes anarquistas en Estados Unidos, una cruzada que no deparaba en ilegalidades. Así se llevó adelante el juicio a Sacco y Vanzetti.

En Argentina, uno de los que encabezó la campaña de denuncia fue Severino Di Giovanni, desde el periódico *Culminé*. La publicación, que comenzó a editarse el 1º de agosto de 1925, también pretendía editar obras de autores ácratas, para lo que necesitaba imprentas y una mayor infraestructura.

El domingo 16 de mayo de 1926, a las 23 horas, una bomba produjo un huraco enorme en la embajada de Estados Unidos. El escudo estadounidense terminó en la esquina de Arroyo y Carlos Pellegrini debido al impacto de la bomba. No hubo víctimas ni anuncios explícitos, pero quedaba en claro que formaba parte de la propaganda por Sacco y Vanzetti. De inmediato, el gobierno nacional dio rienda suelta a la policía y salió en busca de sospechosos. Clausuraron el periódico *La Antorcha*, allanaron el Comité pro Sacco y Vanzetti y detuvieron a todo militante identificado como anarquista. En cada allanamiento, se incluían destrucción de publicaciones, redacciones y talleres. Todo bajo las órdenes del Jefe de Investigaciones, el comisario Eduardo Santiago, quien olfateaba ácratas en cada esquina porteña.

Tres días después del atentado a la embajada de Estados Unidos, Severino Di Giovanni fue detenido en su casa de Morón, con la misma violencia de otros allanamientos. Di Giovanni, junto al obrero gráfico Cicorelli, editor del periódico *La Antorcha,* fueron los detenidos más castigados. Los mantuvieron durante siete días en un calabozo del Departamento Central de Policía, incomunicados. Cada uno de los golpes y los allanamientos resultaron gestos para los gobiernos de Estados Unidos e Italia, con quienes el presidente de Alvear buscaba congraciarse. La violencia del Estado radical era más que un buen gesto.

Luego de las declaraciones y los maltratos de rutina, Di Giovanni a los días recuperó la libertad. La policía lo catalogó como un hombre peligroso, a quién se debía seguir de cerca en cada una de sus actividades. A pesar de los contratiempos, *Culminé* publicó el primer libro, una recopilación de autores que denunciaban la política fascista de Mussolini. Di Giovanni redoblaba la apuesta.

En los talleres de *La Antorcha* conoció a Paulino Scarfó, un joven de 17 años e hijo de un siciliano. A las semanas, Di Giovanni estaba viviendo en una casa pegada a la de la familia

Scarfó, en la calle Tres Arroyos al 3400. Pedro Scarfó, italiano y mayor de sesenta años, era padre de ocho hijos y los ocho vivían en la misma casa. Solo dos de ellos resultaron anarquistas, Paulino y Alejandro. La hermana menor, América, tenía 14 años y aún estudiaba en la Escuela Normal 4, con destacadas notas.

Ninguno de la familia Scarfó imaginó el destino final de Di Giovanni, ese obrero tipógrafo que leía mucho, trabajador y siempre atento. Menos aún el destino de Paulino Scarfó, su amigo hasta el último día de su vida y fusilado al otro día de ese 1º de febrero de 1931. Tampoco se imaginaron el romance incondicional con América, ya que Severino había llegado a la casa con su esposa Teresina y sus tres hijos. "Cuando ella oye los pasos de él y ve pasar la punta de su sombrero negro, sale prontamente a barrer la vereda. Él sigue su camino y, al llegar a la esquina, se da vuelta, se detiene, y la saluda con un gesto. Los dos se miran uno, dos minutos. Luego él sigue y ella continúa barriendo. El mensaje basta. Todos los días lo mismo". Una escena que Osvaldo Bayer describe en su biografía sobre Severino Di Giovanni. La descripción basta para entender lo sucedido tiempo después.

Crónicas de niños solos

Apenas diez minutos separaron al rey Víctor Manuel III de la muerte. Diez minutos entre la explosión de la bomba y su llegada a la plaza Julio César, donde inauguraría la Feria de Muestras, en el centro de Milán. La bomba, colocada en la base de unos de los faroles de la plaza, estalló a las diez de la mañana, mientras la multitud esperaba al rey italiano. El atentado, en la mañana del 12 de abril de 1928, dejó veinte muertos y un centenar de heridos. Al otro día, Mussolini declaró el estado de guerra y una nueva oleada de detenciones recorrió el territorio italiano.

La noticia, en vez de amedrentar a Di Giovanni, pareció alentarlo. Y encontró la ocasión semanas después del atentado al rey. Más precisamente, el 23 de mayo de 1928, el día que el nuevo cónsul italiano, Italo Cappani, visitaría al conde Martín Franklin, embajador de ese país en Argentina. El encuentro sería en el Consulado, en la avenida Quintana 475, edificio inaugurado en abril de ese año. Cappani traía desde Italia un prontuario manchado de sangre. En Florencia, el 4 de octubre de 1924, había sido uno de los responsables de la matanza de obreros y abogados antifascistas. Siempre en nombre del Duce.

Desde el día en que arrojaron los volantes en el Teatro Colón, el rostro de Severino Di Giovanni era bien conocido en las oficinas de la policía. Por eso, había decidido cambiar su perfil, vistiendo de elegante traje negro, sombrero de ala ancha también negro. Con ese mismo traje impecable, en la mañana del 23 de mayo 1928 llegó hasta el campo de Lomas del Mirador, donde quedaba el depósito de explosivos. Lo esperaba José Domingo Romano, su compañero en la nueva cruzada antifascista. El compañero de Di Giovanni, en esas y otras tareas, más conocido como Ramé, era un italiano nacido en la provincia de Pavia y había llegado al país en julio de 1922. Los dos salieron del campo de Lomas del Mirador, con sus respectivos maletines, hacia el Consulado.

El fascismo tenía muy buena prensa y las noticias que llegaban de la península alentaban el regreso a un país próspero y en pleno progreso. El bullicio de personas que encontraron en el Consulado, todas ellas ilusionadas con la vuelta a la patria, resultó una adversidad. En el momento que llegaron, había unas seiscientas personas. Pero la visita del embajador italiano apuró el trabajo en la recepción para despachar con rapidez la mayor cantidad de personas posibles. Vestido de negro y con paso de funcionario, Di Giovanni intentó ingresar hasta la oficina del cónsul para dejarle de regalo los dos maletines. Pero el cónsul, a minutos de recibir al embajador, había ordenado no recibir a nadie. Tampoco a ese hombre rubio y elegante que buscaba escabullirse una y otra vez entre el centenar de personas que se agolpaban en el Consulado.

Pero no era aconsejable que Di Giovanni despertara sospechas. Ese rostro rubio, ahora elegante y con otra impronta, podía ser reconocido como el autor de los volantes antifascistas. Por eso decidió retirarse del Consulado y le pasó el maletín a Ramé, que esperaba en el auto. Y fue entonces que Ramé ingresó con el pesado maletín, intentó con igual suerte llegar al despacho de Cappani. La bomba debía estallar a una hora determinada y estaba por cumplirse el tiempo. Dando vueltas en el interior del Consulado, Ramé llegó hasta el subsuelo y allí dejó el maletín, bajo una escalera, a metros de los mostradores donde se atendía a la multitud. Quince minutos antes de las doce del mediodía, estalló la bomba. Las casi doscientas personas que había en el interior tuvieron la sensación de que se desmoronaba el edificio entero.

El maletín contenía un artefacto de hierro de medio metro, cargado de dinamita, gelinita y recortes de hierro. Una bomba artesanal y de gran impacto. El estallido hizo añicos los mostradores, dispersó pedazos de revoques de las paredes y el cielo raso, cristales y otros elementos. En minutos, la avenida Quintana se convirtió en una nube de polvo y de personas que ilesas, observaban desde afuera el caos. Otros, se amontonaban en el Consulado, víctimas de la explosión, entre ellos los nueve muertos y los 34 heridos. Entre los nueve muertos, siete eran militantes fascistas.

Di Giovani y Ramé se habían alejado del barrio de Palermo apenas dejaron el explosivo bajo la escalera. Pero solo un maletín habían dejado, contaban con otro igual, también cargado de explosivos. A las doce y media del mediodía de ese 23 de mayo, lejos ya del Consulado, Di Giovanni ingresó a la farmacia de la esquina de Almirante Brown y Aristóbulo del Valle, en el barrio de La Boca, para abandonar allí el segundo maletín. La bomba no se activó porque el pequeño Dante, con la curiosidad de los niños, abrió el maletín y sin saber la desactivó. El niño Dante era hijo de Beniamino Mastronardi, presidente del subcomité fascista de La Boca. La prensa, al otro día, mostraba al héroe de la jornada con su mano izquierda vendada y una infantil sonrisa, desconociendo la pugna ideológica que venía de una península europea.

"La policía tiene la sospecha de que ambos atentados pertenecen a un grupo de ultraanarquistas que se separó de las dos tendencias, *Antorchistas* y *La Protesta*, bregaban continuamente por la acción permanente a base de bombas", decía *La Nación* el 24 de mayo. La otra conclusión, también anunciada en el diario, sostenía que las bombas de los últimos atentados habían estado ocultas en un valijín alargado y de cuero. Por lo tanto, podía tratarse del mismo autor o autores. Otra vez, el rostro de Di Giovanni paseaba por las comisarías y la policía revolvía todo local anarquista.

El gobierno de Marcelo T. de Alvear, a meses de dejar la presidencia, debía afrontar un nuevo atentado con nueve muertos y 34 heridos, y por eso respondió a la demanda de los medios. Al otro día de la bomba en el Consulado, el diario *La Nación* informaba sobre unas doscientas personas detenidas. En semanas, la policía duplicó el número de detenciones. Los pedidos de disculpas al gobierno del Duce se repitieron de parte del Estado argentino.

Y no solo no dieron con el anarquista italiano, sino que ofreció revancha. A los tres días del atentado al consulado italiano, otro referente fascista sería la víctima, el teniente coronel César Afeltra y en su propio domicilio. El 26 de mayo de 1928 volaba buena parte de la casa de avenida La Plata 351, y también el taller mecánico de al lado, de los hermanos Busso. El militar, con el techo y los vidrios destrozados, pero ileso.

Di Giovanni había configurado un mapa propio de fascistas y para cada uno de ellos, una bomba. Junio sería el mes elegido para otros dos atentados. La localidad fue Zárate, a los doctores Michele Brecero y el cavalieri de Michelis, dos ejemplares fascistas en Argentina. Las detenciones continuaron de a centenas, en Berisso, Buenos Aires y La Plata. Nadie podía dar con el paradero del italiano. Muchos porque realmente no lo conocían y otros, por ser hombres duros que no soltaron palabra ante los interrogatorios.

Todas esas bombas se conservaban en el campo de Lomas del Mirador. Hasta que otro niño de 13 años, el 31 de mayo de 1928 lo descubrió. Eugenio Tomé con la energía del chico que quiere perderse en la aventura, salió por el barrio en busca de una coneja extraviada. El animal se escabulló en la quinta, en la calle Progreso 628, hacia donde también fue el niño. Y tal fue la aventura que, en vez de la coneja, encontró un galpón repleto de explosivos. En el galpón se acumulaba un importante contenido de gelinita, ácido nítrico y sulfúrico, clorato de potasio y tambores de pólvora. La casa no estalló en su totalidad por la humedad, que se concentraba en donde escondían ese poderoso material. Solo explotó la puerta que abrió el niño, que apenas lo expulsó metros atrás, sin graves heridas.

El sábado 2 de junio, *La Prensa* advertía que el sujeto que alquiló la quinta "es de nacionalidad italiana, representa tener 30 años de edad, regular altura, bastante delgado, rubio". A los días, la prensa identificaba al italiano que "representa tener 30 años" como el mismo Severino D Giovanni. Francesco Barbieri, "El profesor", se fugaba a Brasil. Barbieri había sido quién les había enseñadp el armado de bombas y el manejo de explosivos. El comisario Juan Garibotto, mentor de los rumores de la prensa, otra vez salió a la caza. Según la policía, el ácrata italiano estaba en una casa de Ensenada, o en Bernal, en varias ciudades de la provincia de Córdoba, o en una pensión de Capital Federal, sobre avenida General Paz, o bien deambulaba por las madrugadas en el Delta, o huyó desde San Fernando hacia Montevideo. La versión más osada aseguraba que tal vez había llegado a México, con la posibilidad de refugiarse en los Estados Unidos. Hombre de mundo, Di Giovanni.

Lo cierto es que unos panaderos de Morón le habían dado alojamiento. A cambio, el italiano les daría precisas instrucciones de cómo diseñar atentados. Los meses pasaron y Di Giovanni seguía acumulando ciudades por donde supuestamente se refugiaba, escondiéndose de los hombres de Garibotto.

Soñar, soñar

Tal vez porque intuía que le quedaban pocos años de existencia, o porque pensó su vida con una intensidad de corta duración, Di Giovanni no demoraba en sus apariciones. En esta oportunidad, a cuadras del centro financiero, en noviembre de 1928. Francisco Castro, policía de guardia en la esquina de Diagonal Sur y Bolívar, fue alertado por dos hombres que encontraron un objeto abandonado de lo más extraño, justo frente a la catedral. El agente se hizo cargo del maletín pesado, de cierre hermético, tan hermético que no pudo abrirlo. Entonces lo llevó hasta la puerta de una lechería, en Rivadavia 532, para pedir un elemento y abrir el maletín. Lo acompañó Luis Rago, que recién salía de su trabajo en el Banco de Boston. Como el agente Castro demoraba, el hombre comenzó a hacer su propio trabajo hasta que logró abrirlo. Con el maletín abierto se lo quiso alcanzar al policía pero no llegó, antes la bomba estalló. El cuerpo de Luis Rago, de 25 años, quedó destrozado sobre la vereda mientras que el policía terminó con heridas graves. El estallido, como un eco que aprovechó el silencio de la madrugada, se prolongó por buena parte de la ciudad y a la vez destruyó la vidriera de varios locales de la cuadra.

La única pista para encontrar a Di Giovanni era Teresina y sus tres hijos, que ya convivía con policías e interrogatorios semanales, ante cada aparición real o alguna mínima sospecha. Pero Di Giovanni estaba en pleno romance con América a pesar de la distancia. El amor era capaz de sortear todas las adversidades posibles y por eso las cartas rebalsaban de pasión. El flamante comisario Garibotto debía ganarse la confianza del presidente Yrigoyen, que había asumido su segundo mandato en octubre de ese mismo año. Y así preparó la persecución para detener al anarquista más buscado en la historia argentina.

El año 1928 terminó con una noticia fatal para Severino. Tenía pensado irse a Francia, acompañado por América, a continuar la lucha contra el fascismo. En la mañana del miércoles 12 de diciembre, la policía dio con un depósito de dinamitas y fajos de billetes falsos, en el altillo de la casa de Estombá al 1100, de Valentín Alsina. En ese altillo vivía Alejandro Scarfó y el español Jaime Gómez Oliver. Además de la dinamita y las bombas, se encontró un plano de la estación de trenes de Caseros por donde pasaría el presidente electo de Estados

Unidos, Herbert Hoover, que a tres meses de asumir visitaría al país. A los días detuvieron también a Pedro Mannina y a los hermanos Simplicio y Marino de la Fuente, todos anarquistas. Se desbarataba otra banda cercana a Di Giovanni.

La detención de uno de los Scarfó dificultó aún más la comunicación con América, la familia buscaba evitar todo tipo de vínculo. Los caminos de Di Giovanni estaban completamente cercados. El 23 de abril de 1929 había pasado por la casa de su compañero Mario David Cortucci, en la calle San Juan al 4100. Al rato que se había retirado, rumbo a otro refugio, apareció la policía. Se salvó por apenas un puñado de minutos. Cortucci había sido uno de los mensajeros de las cartas entre América y Severino. Más allá de si se trataba de una delación, como sostiene Bayer, la ciudad le resultaba cada vez más chica. Sentía el aliento policial en la nuca, y sin embargo continuó su periplo, a modo de desafío. Tal como se había propuesto.

En octubre de 1929, el crimen de Emilio López Arango aportó a una mayor división dentro del anarquismo. El 25 de octubre, el director de *La Protesta*, mientras cocinaba en su casa de Remedios de Escalada, le llegó una visita. Cuando salió a la puerta, recibió tres balazos en el pecho. A las horas murió sin confesar quién lo había asesinado. Osvaldo Bayer hurgó en las cartas entre Di Giovanni y Hugo Treni y por eso afirma que Di Giovanni había sido el autor del crimen. La virulencia del italiano pareció haber perdido la brújula.

A principios de 1930, América anunció a su familia su casamiento con Silvio Astolfi, para ellos, un humilde trabajador de un taller mecánico. Para Di Giovanni y su grupo, un socio hábil e incondicional de las andanzas ácratas. El joven Silvio se mostraba amable y la visitaba dos días a la semana, en la puerta primero hasta que le permitieron ingresar al interior de la casa. Finalmente se casaron y entonces América logró alejarse de sus padres. Apenas se alejaron de la familia Scarfó, en la estación Carlos Casares los esperaba Di Giovanni, con un ramo de flores rojas en la mano para la señora América Scarfó de Astolfi. La estrategia había salido a la perfección y Silvio Astolfi el enlace.

Desde ese momento, América y Di Giovanni no se separaron nunca más. En octubre de 1930 se mudaron a la quinta "Ana Maria", en Burzaco. La quinta funcionará como laboratorio de bombas, imprenta, y el último refugio de América y Severino. Ellos, mientras se esperanzaban con la liberación de Alejandro Scarfó y el posterior viaje a Francia. El refugio y el sueño durarán tan sólo unos meses más.

Dos potencias se saludan

El 1º de diciembre de 1930, en el barrio porteño de Balvanera, en Catamarca al 400, la fábrica de zapatos "Bauzá, Braceras y cía." recibió la inesperada visita de un grupo de personas que se llevaron una cantidad de dinero importante. No sólo eso, sino que en el enfrentamiento mataron a Francisco Gonzalo. Al otro día, la policía, en sintonía con los diarios, acusó a Di Giovanni. Su nombre resultaba lo más práctico para la condena y su paradero todo lo contrario, una auténtica incógnita. Sin embargo, los asaltantes habían sido el grupo de Tamayo Gavilán, chileno y anarquista.

No era un asalto más. Obligaba a replantear la política represiva para aniquilar definitivamente al anarquismo, objetivo primordial del gobierno de Félix Uriburu, el célebre general en dar el primer golpe de Estado en el país. Ese asalto generó una apilada de renuncias en las altas esferas en la institución. El primero, el subjefe de la Policía de la Capital, el teniente coronel Alsogaray, y le siguieron otros tantos. El reemplazante de Alsogaray será el comisario inspector Leopoldo Lugones hijo, alias Polo. Previo a su designación, Lugones padre, poeta y periodista, se entrevistó con el propio presidente para efectivizar el cargo. El padre había ofrecido su prosa barroca a favor del golpe del 30 y de un nacionalismo cada vez más virulento y ahora en el poder. El hijo pródigo sería entonces quien aplicará las más perversas de las estrategias para terminar con todo tipo de oposición al gobierno de Uriburu.

Las relaciones de los Lugones con el poder ejecutivo siempre obtuvieron buenos resultados. Lugones hijo fue obligado a renunciar como director del reformatorio de menores de Olivera luego de una denuncia por violación de menores, además de maltratos y torturas a los niños. Al llegar la condena de un juez, dejó el cargo. Y gracias a una reunión secreta entre papá Lugones y el entonces presidente Yrigoyen, Lugones hijo evitó la cárcel. La mayor condena había sido la renuncia. Ahora, a fines del año 1930, era el encargado de perseguir y aniquilar anarquistas y comunistas. Y en pos de ese objetivo, utilizará la picana eléctrica, innovación nacional y un elemento de tortura tan eficaz que de una u otra manera sigue en vigencia.

El blanco principal del flamante comisario será Di Giovanni, una forma de ganarse la confianza oficial pero a la vez, tarea por demás complicada.

Morir con este sol

Severino Di Giovanni se despidió a América con un beso en la puerta de la quinta de Burzaco y salió hacia el centro porteño. Un beso que se pareció al de otro militante, en otra década. Una despedida similar a la de Rodolfo Walsh, allá en San Vicente, ese 25 de marzo de 1977, él también se dirigía al centro porteño con un puñado de cartas a repartir en el correo. Así se fue Di Giovanni, sabiendo que las calles porteñas resultaban más que peligrosas. Era el 29 de enero de 1931, tres días antes de su fusilamiento.

La imprenta quedaba a metros de la esquina de Corrientes y Callao. El dueño, Genaro Bontempo, recibió las últimas correcciones de *Escritos sociales* de Elisée Reclus, a editarse en breve. Su cliente era un tal Mario Vando, un rubio italiano tan parecido a Severino Di Giovanni. Ese mediodía sería la última vez que lo vería. El rubio italiano regresó a la calle y rumbeó hacia Sarmiento. Antes de llegar a la esquina, de atrás alguien lo llamó por su verdadero apellido:

—¡Di Giovanni!

No dudó y salió corriendo hacia la esquina de Sarmiento y Callao, donde un policía lo esperaba, arma en mano. Los policías brotaron de las baldosas, los techos, los bares. Di Giovanni ya tenía la Colt 45 en la mano, mientras corría por Sarmiento hacia Riobamba. En minutos, el tiroteo se volvió infernal. Los disparos se multiplicaron con destino incierto. Una niña cayó fulminada por un balazo, a metros de la esquina de Callao y Sarmiento, en mitad de la persecución. El disparo no había salido de la Colt, más allá de la versión que la prensa difundió al otro día. Difundió esa versión acompañada de la foto de la niña en la vereda y sin vida.

De la Colt de Di Giovanni salió la bala que mató al agente José Uriz, en la esquina de Riobamba y Callao. Los policías se multiplicaban y las balas también. Así se encontraba Di Giovanni a mitad de cuadra, en Cangallo entre Riobamba y Ayacucho. En una y otra esquina policías armados. A su derecha, un hotel.

No había muchas opciones, entonces con pasos arremetidos se metió en el hotel de Cangallo 1975. Los dos porteros al verlo llegar, arma en mano, lo dejaron hacer, mientras buscaban refugio. Antes de subir por las escaleras, disparó hacia la calle como para despejar la fuga. Un segundo policía muerto, Ceferino García. Por las escaleras llegó a la terraza del hotel. Allí, otra escena de la persecución por los techos de Buenos Aires. Saltando por los techos, dio en la galería del patio de una casa, sobre la calle Ayacucho. La casa parecía deshabitada y se movió con mayor tranquilidad. Por unos minutos no hubo necesidad de más disparos. Un último momento de remanso, en una casa desconocida y vacía. Atravesó el zaguán y salió a la calle, a la vereda de Ayacucho. Todo volvía a la normalidad.

A los alrededores de la casa, silenciosa y sin propietarios, otra cantidad de policías. Otra ráfaga de balas contra Di Giovanni, y sin embargo alcanzó a correr hacia la esquina. No había salido inmune del ataque, y sobre la calle Sarmiento, se detuvo en un garage, herido y sin energías. Y en ese garage, Di Giovanni hizo otro disparo contra el tumulto de policías y allí quedó tirado. La última bala era para sí mismo. Se abrió el saco y como Simón Radowitzky, su compañero ácrata por quién había dedicado tantas proclamas por su libertad, disparó contra su pecho.

La multitud de agentes rodearon el cuerpo echado de Di Giovanni. El primer policía le pateó la mano para quitarle el Colt. En minutos, lo llevaron en una ambulancia hacia el hospital Ramos Mejía. También la ambulancia iba cargada de policías, custodiándolo.

Di Giovanni no estaba muerto. Su cuerpo ensangrentado, viajaba esposado y con cuatro policías a su alrededor. El centro porteño aún seguía conmovido por la balacera. Era la última aventura de Di Giovanni, la última aventura que culminó con una persecución, digna del thriller que Leonardo Favio nunca filmó.

Bibliografía

Avilés Farré, Juan. *La daga y la dinamita. Los anarquistas y el nacimiento del terrorismo.* Buenos Aires, Tusquets Editores, 2013.

Bayer, Osvaldo. *Los anarquistas expropiadores.* Buenos Aires, Planeta, 2013.

-*La Patagonia rebelde. Tomo I al IV.* Buenos Aires, Planeta, 2004.

Severino Di Giovanni. El idealista de la violencia. Buenos Aires, Planeta, 2013.

Duncan, Isadora. *Mi vida.* Barcelona, Salvat editores, 1995.

Panettieri, José. *Argentina: historia de un a país periférico. 1860-1914.* Buenos Aires, Centro Editor de América Latina, 1896.

Salas, Horacio. *El Centenario. La Argentina en su hora más gloriosa.* Buenos Aires, Planeta, 2009.

Schettini, Adriana. *Pasen y vean. La vida de Favio.* Buenos Aires, Sudamericana, 1995.

Suriano, Juan. *Auge y caída del anarquismo. Argentina, 1880-1930*. Buenos Aires, Capital Intelectual, 2005.

Diario *La Nación*.

Diario *La Prensa*.

Diario *La Protesta*.

Revista *Caras y Caretas*.

Revista *Ideas y Figuras*.

Índice